これから伸びる
京阪神のカイシャ
2022秋

刊行にあたって

　新型コロナウィルスに伴う経済活動の停滞からようやく脱しつつある日本。それでも欧米に比べて回復の足取りは緩やかで、最近はむしろロシアのウクライナ侵攻に端を発した原材料価格の高騰や、急激な円安進行により不透明感が増している。インバウンド需要に頼らざるを得ない今の日本に、旺盛な企業活動の復活を期待するのは無理な話なのだろうか。

　そんなことはない。失われた20年、30年と言われようとも、高い成長可能性を秘めた日本企業はいくらでもある。独自技術のオンリーワン製品で圧倒的な市場プレゼンスを持つ会社。世の中にない独創的なサービスで新たな市場を創出している会社。あるいは顧客価値を徹底追及し高い支持を獲得した会社など、原材料価格の高騰や新型コロナウィルスの影響に苦しみながらも、これからも大きな飛躍が期待できる会社は数多く存在する。本書「これから伸びる京阪神のカイシャ2022秋」は、そうした将来の成長可能性に富んだ京阪神エリアの有望企業を取材し、各社の強みを中心にビジネスの特色をコンパクトにまとめたものである。

　企業規模や業種を問わず、高い財務健全性を有する企業を前提に、ここ数年で高い成長を示している企業や、独創的なビジネスで今後の成長が期待される企業50社を取り上げた。いずれも活力に満ちた企業活動が日々展開されており、ビジネスの内容だけではなく、そこで働く社員のモチベーションも押し並べて高い。第三者視点でのヒアリングと、資料データに基づく客観的な企業紹介書籍となっており、成長を続ける各社のエネルギッシュな企業活動を感じてもらえるだろう。学生をはじめこれから就職を目指す方々にとっても、ウェブサイトや就職情報媒体とは一味違った企業発見の機会になることを願う。

日刊工業新聞社
西日本支社長　神阪　拓

「COCOAR」で動画視聴可能

下記のQRコードを読み込んで「COCOAR」アプリ（無料アプリ）をインストールした後、アプリを起動し、画像にかざしてスキャンすると関連動画がご覧いただけます。
●有効期限：掲載日より2年間

《注意事項》
環境により反応まで時間がかかる場合があります。アプリは無料ですが、パケット通信料（利用者負担）がかかりますので、Wi-Fiのご利用をお勧めします。通信状況、OSのバージョン、カメラの性能、かざす際の光の反射の影響などにより作動しない場合がございます。

CONTENTS

モノづくり

IT・ソリューション

医薬・化学

商社・サービス

建設・住設

社会インフラ

▲ NKE 株式会社

自動化のプロ集団。機械化で人々を創造的・革新的な仕事に導く

——製造現場だけでなく介護、農業へ事業拡大、海外はアジア中心に拠点整備

ここに注目！　搬送・パーツハンドリング・省配線機器などで効率化と快適性を提供
社員の「成し遂げたい」思いを後押しし、自由度の高い環境で挑戦

NKE株式会社は、モノづくり現場を支援するための設備機器や生産ラインの自動機、オリジナル標準ユニットの設計・製造・販売を行い、大手自動車メーカー、電機部品メーカー、家電メーカー、機械工具商社などに納入している。売上高は2022年3月期こそ、コロナ禍による設備投資の落ち込みで20億円を割り込んだものの、ほぼ安定して20億〜24億円を達成。2010年代に本格化

した海外進出と、自動化技術を核とした介護や農業分野への事業拡大を背景に中長期的に40億〜50億円を目指している。若い技術者やデザイナーの自立を促し、才能を十分に発揮できる社内風土を醸成しているのも特徴で、そこから二酸化炭素（CO_2）濃度測定器、腰の負担を和らげる超小型アシストスーツといった新商品も生まれている。

開発したユニット機器は基本型式で300点、オプション品を含めると1万点超

「当社はベンチャースピリットを持つメーカー。小回りが利き、意思決定が速く、自由度がある。オリジナルのアイデアでつくっていく。いまは台車、コンテナを自動化できる製品の試作を重ねている」—。NKEの中村道一代表取締役社長は楽しそうに話す。

生産現場の自動化では、機能ごとに標準化されたユニットをブロックのように組み合わせることで、全体のシステムを構築する。部品の供給・配膳・搬送を最適化し、負荷低減や作業ミスの撲滅など、作業者の補助を含む人に優しいシステムを目指している。部品供給や搬送などの「非付加価値工程」の改善により、顧客はより重要な「付加価値工程」の改善に力を注ぐことができるようになり、全体の生産性向上につなげている。

そのために同社はエアチャック、コンベア、省配線機器などのユニット機器を多数開発、製造している。その数は「基本型式だけで300くらい、オプション品を含めると1万点を超える」（中村社長）。これが全体最適モノづくりの提案の源となっている。

デジタルツールを駆使した遠隔サポートやメンテナンス、技術提案をはじめ、開発インフラのデジタル化・3次元化など、若手社員を中心に様々なプロジェクトが始動している。中村社長は「副業も積極的に取り入れるし、社内ベン

平成31年1月7日に本社新社屋が完成

会議では活発な意見が飛び交っている

独自開発の人工筋肉を使った超小型アシストスーツ「Airsapo（エアサポ）」

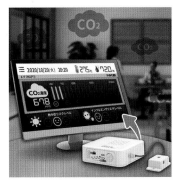

CO_2濃度を表示し、換気状況の"見える化"ができる「CO_2れんら君」

女性社員の活躍も目覚ましい

モノづくり

ＩＴ・ソリューション

医薬・化学

商社・サービス

建設・住設

社会インフラ

チャー制度も具体化していきたい」と、目を輝かせている。

自由度の高い社風から、腰の負担を和らげるスーツ、CO_2濃度計などが誕生

自由度の高い伸び伸びとした社風から、新たなヒット商品も生まれている。その一つが、空気の力で体幹を固定して腰の負担を和らげる超小型アシストスーツ「Airsapo（エアサポ）」だ。腰に巻き、付属のポンプで空気を入れると、伝統工芸「京くみひも」を応用した独自開発の人工筋肉が収縮して筋肉負担を最大55％軽減できる。2022年4月中旬からクラウドファンディングによる先行予約販売を始めたところ、約2カ月間で目標金額の40倍超が集まり、注文数は200着を突破した。

もう一つは、リアルタイムでCO_2濃度を表示し、換気状況の"見える化"ができる「CO_2れんら君」だ。濃度の推移データから現状の把握と分析を行うことが可能で、根本的な改善策に役立てられる。こちらは一般社団法人京都知恵産業創造の森から「京都スマートプロダクト」の認定を受けた。中村社長は「工場の自動化に限らず、いろいろなことにチャレンジする」と未来を見据える。

同社は「人と技術の調和を通して、生活の向上をはかり、社会の発展に貢献する」企業理念を持つ。これに加えて「NKE Way」と題する理念の解釈をまとめ、大切にする価値観として正々堂々、公明正大を掲げた。中村社長は「堂々の陣とは勝ち続ける組織。自分たちの力で前に進むプライドを持つことが必要だ。また、公明正大は、チームワークを強固にする基本と原則、他人を思いやる心を表している」と解説する。理念の背骨をがっちり通し、一層の飛躍を期している。

| わ | が | 社 | を | 語 | る |

代表取締役社長
中村 道一氏

成し遂げたいと思う社員に環境を用意

NKEの一番の魅力は、何か自分自身で成し遂げたいと思えば、その環境が整っていることです。何かを成し遂げたいという強い思い、具体的に何かを実現したいという思いがあるのなら協力も支援もできます。意思決定が速く、すぐに決裁を受け、大きな投資が必要な開発であっても早期に取り組むことができます。ある意味、小回りの利く企業です。そのために在宅勤務を含め、働きたい人には働ける環境を用意しています。有給休暇は1時間単位で取得できます。

当社の事業はカタログ商品ではなく、生産現場でお客様の課題と向き合い、柔軟に解決していかなければなりません。きめ細やかさの中にビジネスチャンスがあります。生産現場は変わっていきます。NKEで己の力を試し、夢を叶えてください。

会社DATA	所 在 地：京都市伏見区羽束師菱川町366-1
	創 業：1968（昭和43）年3月
	設 立：1969（昭和44）年8月
	代 表 者：中村 道一
	資 本 金：2億9,700万円
	売 上 高：18億9,400万円（2022年3月期）
	従 業 員 数：158名（2022年4月1日現在）
	事 業 内 容：全体最適モノづくりの提案、および支援機器の開発・製造・販売
	U R L：https://www.nke.co.jp/

▲イソライト工業株式会社

独自技術で高利益率を実現するニッチトップ企業
——カーボンニュートラル、SDGsで社会に貢献する断熱の革新者

ここに注目！

規制に対応してステップアップ
「深化」で慎重に足元を固め、「探索」で果敢に成長

イソライト工業株式会社は、耐火断熱煉瓦と高温断熱ウールに代表される高温用耐火断熱材の製造・販売を通じて熱産業の省エネルギー化に貢献している。とりわけ1000℃を超える高温環境下での断熱を実現するため、セラミックウール技術と多孔質化技術を基盤に新製品を提供し、熱産業だけでなく防災や環境保全など幅広い分野で社会に貢献している。

同社は京都帝国大学（現・京都大学）の吉岡藤作教授と日本板硝子出身の森添之助が能登半島に眠る豊富な珪藻土に着目し、1927（昭和2）年に大阪で創業した。当初は七輪を製造していたが、翌年に石川県七尾市の和倉温泉駅前に工場を建設し、断熱煉瓦の生産を始める。燃料資源の乏しい国内産業界の省エネルギー化に寄与すべく、技術の改良に努めてきた。

2度の大きな規制が差別化と成長のチャンスに

1962年に米国法人Babcock & Wilcox Companyの技術導入による最高品質の耐火断熱煉瓦を量産し、1967年にはイソライト・バブコック耐火（株）を設立してセラミックファイバー（現「イソウール」）の国内生産に着手した。優れた断熱性を実現する製品にもかかわらず、当初はなかなか販売が伸びなかったという。転機となったのは、1973年に世界を襲った「第1次石油ショック」だ。石油価格の暴騰で省エネルギーが国是となると、高い断熱性を持つ同社の製品が注目され受注が殺到した。

もう一つの転機は2015年の特定化学物質障害予防規則・作業環境測定基準等の改正だ。窯炉の天井や炉壁の耐火材、断熱材などに利用されていたリフラクトリーセラミックファイバー（RCF）が特定化学物質に指定され、予防規則の適用を受けることとなった。これを受けて同指定に該当しないアルカリアースシリケート（AES）の生体内溶解性製品や結晶化繊維（PCW）製品を使用した「ひとにやさしい製品」づくりで業績を大きく伸ばした。

2020年にはセラミックファイバーとアルミナファイバーを手がけるトータルファイバーメーカーの（株）ITMを合併。幅広い商品ラインアップと世界トップクラスの技術力を持つ、高温耐火断熱材のリーディングカンパニーとして確固たる地位を築いた。現在の売上比率はセラミックファイバーが7割、耐火断熱煉瓦が2割、その他が1割となっている。最近では熱工業用だけでなく、電子部品やリチウムイオン電池向けの材料熱

本社ビル外観

マレーシア工場での太陽光発電

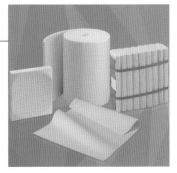
セラミックファイバー

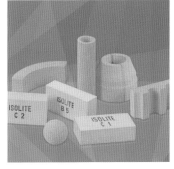
耐火断熱煉瓦

珪藻土原料採掘場

処理関連ビジネスが増えているという。

他社にできないきめ細かい製品づくりで飛躍

素材から2次、3次の加工品まで一貫して対応でき、他社にできないきめ細かい製品づくりが顧客から高い評価を受けている。ハイブリッド成型品・加工品など高付加価値なニッチトップ製品も多く、2022年3月期の経常利益は過去最高を記録した。売上高経常利益率（ROS）も20％と極めて高い。エンジニアリング事業も手がけており、断熱工事の設計から施工、メンテナンスまでトータル

で提供できる。

同社の強みは研究開発力。国内360人の社員中1割近い約30人が研究職だ。軽量で耐熱性に優れた新素材を開発し、省エネなどのカーボンニュートラルやSDGsに対応した製品づくりが他社の追随を許さない。

デジタルトランスフォーメーション（DX）要員を増やし、ビジネス変革も進める。同社は社員の自主性を重んじ、仕事や教育などについて上司と話し合いながら自ら考えて問題解決する「自走力」重視の社内環境づくりをしてきた。ここ5年間で20人以上の若手社員を採用しているが、離職

者はわずか1人だけだ。

今年で創立95周年を迎える同社だが、キャッシュを生む断熱材事業の「深化」と、電子・半導体・リチウムイオン電池向けなど新規分野を育成する「探索」の「両利き経営」により、盤石の体制で100周年を迎えようとしている。地球温暖化など次世代の課題解決に役立つビジネスで、さらなる発展を目指す。

| わ | が | 社 | を | 語 | る |

社長
飯田 栄司氏

相談を受ければどんな課題にもチャレンジ

わが社の社是は「創意と調和」。創意によって社会に貢献し、顧客や社員、取引先から信頼され共存共栄できる会社であり続けたいと考えています。社会は大きく変わりつつあり、現状に満足してはいけない。例えば自動車部品向けに排気ガス浄化装置用途に製品を供給していますが、電気自動車（EV）が普及すれば新分野へシフトする必要もあります。わが社は業界を代

表する大手企業との取引で鍛えられてきました。顧客からの要望に対応することで技術レベルが向上し、断熱材の用途を新たな分野へも拡大できました。相談を受ければどんな困難な課題でもチャレンジする。今後も引き続き耐熱・断熱技術でリーディングカンパニーを目指し、たゆまぬ努力を続けていきます。

会社DATA

所 在 地：大阪市北区中之島三丁目3番23号
設　　立：1927（昭和2）年11月25日
代 表 者：飯田 栄司
資 本 金：31億9,650万円
従 業 員 数：単体：335名、グループ：676名（2022年4月1日現在）
事 業 内 容：■断熱関連事業＝セラミックファイバー各種製品、耐火断熱煉瓦の製造・販売等　■その他事業＝高温集塵用セラミックフィルター、高機能セラミックファイバー質成形体、セラミックス多孔体の製造・販売等
U R L：http://www.isolite.co.jp/

▲大阪エヌ・イー・ディー・マシナリー株式会社

現場から学び、現場作業の改善に貢献する人にやさしい企業
——センサー技術と機械設計技術を融合

大阪エヌ・イー・ディー・マシナリーはユーザーニーズを反映した環境機器を開発し、ゴミ処理施設に持ち込まれるゴミ袋を取り除く破集袋機など圧倒的なシェアを持つ製品を生み出してきた。営業、技術の両輪で同社の成長をけん引してきた力身総一郎社長、山﨑裕司取締役技術本部長は「現場を知り尽くしていることが我々の強み。誇りを持ってモノづくりを続けたい」と口をそろえる。

センサー開発を主業務とする日本エレクトロセンサリデバイス（NED）が、機械との融合を図るために太陽鉄工（現TAIYO）グループの太陽マシナリーを譲り受け、1994（平成6）年に大阪エヌ・イー・ディー・マシナリーとして設立した。NEDのセンサー技術と太陽マシナリーの機械設計技術を融合して多様な機器を開発してきた。

破集袋機開発を端緒に
環境機器メーカーとして成長

設立当初は工場の重量物を運ぶFA機器を中心に製造していたが、毎月コンスタントに売れていたのは空き缶を圧縮、減容化する機械だった。その製品を端緒に環境プラントメーカーに教えを乞ううちに、環境機器の開発事例が増えていった。ちょうどゴミ焼却プラントにおけるダイオキシン発生が大問題となった時期で、高温で焼却しないとダイオキシンが発生するゴミ袋を回収できる破集袋機を当時協力企業だった有本鉄工所と共同開発した。破集袋機は時宜を得て大ヒットし、類似機械を発売する競合が何社も出現したが、精度の高さで追随を許さず、圧倒的なシェアを獲得した。

ファブレス企業だった同社はその後、有本鉄工所からの事業譲渡を受け、工場を持つ真のメーカーに生まれ変わった。現場主義を徹底し、ユーザーが困っている内容、要望を聞き出し、さまざまな製品を作り上げてきた。ただ、今でこそ機器開発の強みを確立しているが、一時は開発力が衰えかねない危機もあった。大手環境プラ

ゴミ袋と中身を分離し回収する破集袋機

空き缶を圧縮、減容するカンペコプレス

工場内の一風景

技術本部の入る事務所棟

技術本部打合せの一コマ

モノづくり

イノベーション

医薬・化学

商社・サービス

建設・住設

社会インフラ

ントメーカーからプラントエンジニアリングを受注している時期がそれ。経営的には安定するが、「このままでは技術力が育たない。機器メーカーの原点に戻るべきだ」と考え、プラント製作からの撤退を決断した。当時は売上が急減し苦しかったが、今は「決断してよかった」と振り返る。

次世代に向けた 新製品開発、経営体制・ 技術の継承を進める

これまで同社は「すべての破袋現場から手破袋作業を無くす」をテーマに掲げた機器開発で、ゴミ処理現場の環境改善に大きく貢献

してきた。現場主義の徹底により定着した開発力、提案力を基に、力身社長は「環境以外に新たな事業の柱を二つつくりたい」と今後の展開を語る。NEDが保有するセンサー技術を活用しながら、インフラ事業に関連する新分野を開拓する。すでに今後の成長が見込める省人化機器やロボット技術を活用した機器開発を進めており、2、3年先には将来の柱として育てる考えだ。

業容の拡大に向かうための社内体制整備も着々と進む。人材育成のため「継続は力」を実践し、人員補強を続けるとともに、開発、設計や営業のスキル向上を図って

いる。社員の頑張りに対し報いる施策も充実しており、目標を上回る利益が出た場合、各人の生み出した成果に応じて特別賞与を支給する。特別賞与は直近6年間継続している。

力身社長は主に営業の立場、山﨑取締役は技術屋の立場とし、それぞれの立場で時には言い合いもしながら、しっかりとタッグを組んで会社を成長へと導いてきた。二人の経営者は「お客様ありきで、良いモノを提供するためには良いコラボレーションが必要」とし、「同じ感覚を次の世代にも味わってもらいたい」と世代交代を視野に入れている。

|わ|が|社|を|語|る|

代表取締役社長
力身 総一郎氏

企業の発展に重要なのは"人"

創業時はFAメーカーでしたが、燃やすと毒性の強いダイオキシンを発生するゴミ袋の分離回収が技術課題となるなか、ゴミ袋を破り中身と分離し回収する機械の開発に着手し、破集袋機という製品をリリースし、公的機関の処理場から引合を頂き納入させていただきました。これを機にリサイクル機器メーカーに専念、種々の機械開発をスタートし、後発ですが業界トップを

走り続けています。

経営信条は正否を明らかにするということです。わが社は、正は正、否は否として受け止める企業です。企業の発展に一番重要なのは人です。社員のマインドを常に高めることができる会社でありたいと願っています。一人ひとりのアイデアを製品開発に生かしていき、次の世代を迎え育てていきたいと考えています。

会社 DATA

所 在 地：大阪市西区立売堀2-5-12
設　　立：1994（平成6）年3月設立
代 表 者：力身 総一郎
資 本 金：2,000万円
従 業 員 数：20名
事 業 内 容：リサイクル設備、環境機器の設計製作販売
U　R　L：http://ned-machinery.co.jp/

▲株式会社片岡製作所

すべて自社技術でレーザー加工・二次電池検査システム構築
—— 海外売上比率70％超、経産省が「グローバルニッチトップ100選」認定

ここに注目！ 新本社（企業ミュージアム新設）・研究開発センターを計画
新工場整備による工場の集約（6工場を3工場に）

株式会社片岡製作所はレーザー加工システム、二次電池検査システムの大手メーカーだ。レーザー加工では超精密穴あけ、銅溶接、電子回路のパターニング、フィルム基材の切断などの多様な要望に応えている。また、二次電池検査システムでは電池組み立て後の充放電、電圧検査、抵抗検査、選別などの工程をトータルシステムとして提案している。特筆されるのは、レーザーシステムを構成する発信器、光学システム、機械・制御・加工の各技術、二次電池検査システムの電源・コンピューター・計測・機械・制御の各技術をすべて自社構築しており、安全性と信頼性につなげていることだ。これらの技術は海外でも高く評価され、経産省認定の2020年「グローバルニッチトップ100選」企業に選ばれている。

他社のマネをしない開発を貫き、電気自動車への転換はビジネスチャンス

世界的な脱炭素の動きを受けて、自動車の新車販売は電気自動車（EV）や燃料電池車へと急速に移行する見通しだ。片岡製作所の片岡宏二代表取締役会長は「自動車の変革は当社にとってプラスに働く。フォローの風が吹いている」という。

同社は1993年にリチウムイオン電池充放電検査装置の受注を始めている。「リチウムイオン電池検査装置に関する装置一式の構想設計や工場のレイアウト、設計した装置の立ち上げまで1社でできるメーカーは当社しかなく、販売は好調だ」（片岡会長）。今後開発が進むとみられる固体電池、燃料電池への対応にも自信をみせる。

このほか同社では、電子部品の溶接の際に、「スパッタ（溶けた金属の粒）が出ない溶接方法で特許を取得している」（同）。また、「自動車や電子部品の超精密用穴あけ装置もよく売れている」（同）。いずれも「他社のマネをしない開発を貫いてきた」（同）結果で、数々の製造装置や検査装置が世界市場でトップシェアを誇る。海外の売上比率は70％を超えている。

新規事業として力を入れているのは、再生医療分野の細胞プロセシング装置だ。人工知能（AI）技術によって細胞を正確に識別するとともに、光応答性ポリマーにレーザー照射し、光熱変換を利用して不要細胞を致死させる。これにより簡単に細胞を純化することを可能にした。片岡会長は「米国の有力研究所に買っていただくな

高精度超精密穴あけやスパッタフリーの銅溶接が可能なレーザ加工システム

ライフサイエンス分野の細胞プロセシング装置

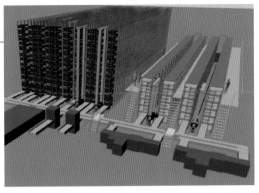

電気自動車への転換で需要が急増している二次電池検査システム

二次電池検査システム

ど実績をあげつつある。将来、拡大していく要素がある」と大いに期待している。

新本社は地上7階建て、新工場は床面積が従来の2倍になり生産能力増強

03年に開発した薄膜太陽電池スクライブ装置でトップシェアを取り、08年のリーマンショックの時も売上高は前年比48%伸びた」と話す片岡会長は、満を持して京都市南区の工場・事務所を集約し、新本社・新工場の整備に乗り出す。計画によると、第2工場、第3工場、第4工場を新工場に集約するほか、現在2階建ての本社は地上7階建ての新本社に集約する。新本社には研究開発センターと、地域の学生が社会学習できる企業ミュージアムをそれぞれ新設する。新工場は既存工場群の約2倍の床面積を確保し、生産能力を増強する。片岡会長は「脱炭素、住環境調和、防災拠点などの面で京都市の地域開発と一緒に取り組むとともに、社員の満足度を高めたい」と話す。

同社の強みについて、片岡会長は「スピード感があり、コミットしたら必ずできること」と話す。このスピード感は働きやすさの点でも発揮されており、「給与は男女平等で、初任給も一緒」(同)だ。有給休暇は1時間単位で取得できるし、男性の育児休暇も整っている。

業務以外では、同社が大相撲の宇良関後援会の事務所になっていることがあげられる。宇良関がインターンシップで縁のある京都府立鳥羽高校出身であることから、「角界に入ったころから応援している」(同)。片岡会長は鳥羽高校の学校運営協議会・委員であるとともに、宇良関の後援会長だ。

|わ|が|社|を|語|る|

代表取締役会長
片岡 宏二氏

若い人たちの夢を叶えるのが僕らの仕事

仕事は真面目、誠実、謙虚、自分の責任(何があっても自責にする)が大切です。スピード感をもって誠実に仕事に取り組む中で、若い人たちには若さゆえの創造性や発想を大いに発揮してもらいたい。若い人には夢があり、その夢を叶えてあげるのが僕らの仕事です。片岡製作所は若い人たちに人気があり、23年4月の新卒入社は15人が内定しています。女性の技術者も歓迎しています。先日は京都府が女性技術者の座談会を企画し、その中に当社の入社3年目の社員も選ばれました。

当社は京都から世界へと羽ばたいている企業です。レーザー加工・二次電池検査システム、細胞プロセシング装置の需要は大きく拡大すると見込まれます。ぜひ当社で夢を叶えてください。

会社DATA		
所 在 地	：	京都市南区久世築山町140
設 立	：	1968(昭和43)年11月14日
代表取締役会長	：	片岡 宏二
代表取締役社長	：	吹田 昌志
資 本 金	：	4億8,570万円
従 業 員 数	：	230名(2022年4月末現在)
事 業 内 容	：	レーザー加工システム、二次電池検査システム、ライフサイエンス
U R L	：	https://www.kataoka-ss.co.jp/

▲カンケンテクノ株式会社

大気を改善する事業を通して未来環境を創造する「地球環境の番人」
——地球温暖化も防ぐ除害装置で世界シェアNo.1に

オール電化でCO₂を出さない完全クリーンな除害装置を実現
設計から素材加工、製造、販売、メンテナンスまで一貫して対応できる総合力

今日ほど環境問題に熱い視線が注がれている時代はない。カンケンテクノは1978年12月に「関西研熱工業」として創業。当時は日本経済の成長が著しく、電気機器産業の工場が急増していた。環境汚染が社会問題化し、解決のための受注が殺到したという。以来44年にわたり環境保全関連装置の設計・製造・施工・メンテナンスを手がけてきた。

除害装置は高温で汚染物質を分解する。ライバル各社は化石燃料を熱源として利用するが、同社は電気ヒーターやプラズマ装置を利用することで、オール電化での無害化を可能にしたのが特徴。とりわけ地球温暖化問題がクローズアップされると、装置から二酸化炭素（CO₂）を排出しないクリーンエネルギーが高く評価された。

設計からメンテナンスまでの一貫対応で顧客ニーズに応える

同社の強みは設計から素材加工、製造、販売、そしてメンテナンスまで一貫して対応できる総合力。顧客のニーズにきめ細かく対応することで、期待以上の環境保全効果を実現。他社の追随を許さない。それを実現しているのが、社内に垣根を作らない「全社一丸」の社風だ。経営層もマネジメントに専念するのではなく、現場で一緒になって問題解決の知恵を出す。今村啓志社長も自ら開発に取り組んでいるという。新人教育も先輩や上司が「指導」や「指示」をするだけではなく、「一緒に働く」ことで共に成長していく。そこには「上下関係」とは別の「協働関係」がある。

半導体工場から排出されるオゾン層破壊ガスなどを取り除く除害装置では累計で1万6000台以上販売した国内トップシェア企業だ。半導体産業が急成長している台湾や中国などへの輸出も増え、世界シェアでもトップをうかがっている。

近年では半導体工場で部品の微細化が進み、PM2.5レベルの微細な粉塵が発生するようになった。新興国などでは問題にならない量だが、環境問題に厳しい目が向けられている先進国では許容されなくなっている。同社は半導体排ガス処理で台湾の大手ファウンドリーなどに製品を供給してきた。PM2.5除害装置が加わり受

本社（京都府長岡京市）

排ガス除害装置

R＆Dセンター

メンテナンス作業

注は倍々ゲームで増加、生産も拡大している。

環境保全が永遠のテーマであり続けることは間違いなく、半導体も決して無くならないどころかデジタル化の進展でますます進化していく。当然、同社の半導体業界向けを主力とする除害装置も成長を続けるだろう。

医療分野にも参入し、グローバルニッチトップとして成長を続ける

さらに「次の一手」として医療分野への参入にも乗り出している。医療現場で用いられるEOG（エチレンオキサイドガス）滅菌ガスの除害装置がそれ。EOGは人体に有害で、年々排出規制が厳しくなっている。同社では、この残留ガスを高温で無害化する装置を開発した。

医療分野に注目したきっかけは、新型コロナウイルス感染症（COVID-19）の感染拡大により医療現場での空気の動きや微粒子、消毒ガスなどが人体に悪影響を与えるのではないかとの懸念が高まったため。同社は医療機器メーカーと共同で特許を取得するなどして新製品開発を進め、医療現場の環境問題に対応した。これからも幅広い業界で環境問題解決に貢献していくことだろう。

同社の新製品開発はニーズ指向。EOGガスの除害装置も医療機器メーカーから相談があり、共同開発に乗り出した。EOGガス処理市場は中国や東南アジアも大きく、海外での受注増が期待できるという。

2020年には経済産業省から世界市場のニッチ分野で勝ち抜いてきた実績が認められて「グローバルニッチトップ企業100選」に認定されるなど、その成長可能性には国も太鼓判を押す。これからも社会への貢献が期待できる企業だ。

| わ | が | 社 | を | 語 | る |

代表取締役社長
今村 啓志氏

社会に貢献ができる楽しい会社

わが社は除害装置全般で国内シェアトップを誇る「環境の番人」。100人規模の技術開発部隊が、あらゆる環境問題に取り組んでいます。「中小企業優秀新技術・新製品賞」や「地球温暖化防止活動環境大臣表彰」「オゾン層保護・地球温暖化防止大賞 経済産業大臣賞」といった数多くの表彰も受けました。これからも新たな環境問題が出てくるでしょう。わが社もこれまで以上のペースで新しい技術と製品を生み出して解決に当たります。そのために欠かせないのが人材です。世の中のあらゆる現象に興味を持ち、世の中の動きに対応できる意欲ある人材を求めています。わが社は社会に貢献ができる楽しい会社と自負しています。ぜひ仲間になって下さい。

会社 DATA	
所 在 地	京都府長岡京市神足太田30-2
設 立	1978（昭和53）年12月
代 表 者	今村 啓志
資 本 金	9,000万円
売 上 高	グループ売上160億円（2021年度）
従 業 員 数	550名　グループ：1,300名　（2022年4月1日現在）
事 業 内 容	各種排ガス除害装置、脱臭・VOC処理装置、除湿装置等の製造販売
U R L	https://www.kanken-techno.co.jp

モノづくり

ITソリューション

医薬・化学

商社・サービス

建設・住設

社会インフラ

▲ 株式会社京都製作所

単品受注生産にこだわる包装機械・組立装置メーカー
——合理化、省力化装置を通じて一流企業の現場課題の解決に挑む

ここに注目！
「一流企業の便利大工に徹する」という明確な事業戦略
「従業員の従業員による会社」を掲げるオープンな経営体制

2021年度の経常利益率14％、自己資本比率70％超の無借金経営企業。その顧客は食品、飲料、医薬を中心とする名だたる大手企業がずらりと並ぶ。包装機械や自動組立機械をオーダーメイドする株式会社京都製作所は、「一流企業の便利大工に徹する」戦略で飛躍を遂げた異色の企業である。

1948（昭和23）年、当時の専売公社（現JT）に機械や部品を納入するメーカーとして設立。ほどなくして一般産業向けの包装機械の開発に乗り出した。後発であったため量販機市場への参入は難しく、一流企業である顧客のこだわりを実現する特注機を作ることに活路を求めた。決まった機械を大量に作るのではなく、顧客が求めていた理想的な機械を設計・製造する単品受注生産のビジネスだ。

膨大な要素技術の組み合わせ

それから数十年、一つとして同じモノがない単品受注の機械で着実に成長を続け、2022年3月期の連結売上高は409億円。いまや年間500案件もの機械を生産している。食品・飲料に限らず、様々な業種の有力メーカーが、同社に課題解決を求めてやってくるのは何故なのか。一言で言えば、単品受注生産で築き上げた幅広い技術の蓄積。木下喜平社長は、「一流企業の厳しい要求を通じて培われた膨大な要素技術がある。これ

京都製作所が後援をしている「キャチロボバトルコンテスト」の様子

を組み合わせることによって大概のモノは作れる」と説明する。

設計者は膨大な要素技術の中から技術を選び出し、最終的に包装機や組立機にとどまらず、様々な自動合理化機械になる。確かなことは、それが顧客にとって唯一無二の価値ある一台であること。そんな「顧客の想像を超えるような装置」（木下社長）を作りだせるところに、京都製作所の底力がある。包装機や組立装置といった単体受注から、生産現場の様々な課題を解決するエンジニアリング案件が増えているのもこのためだ。

高収益を支えるもう一つの要因が、1979年に導入した部門別の独立採算制度。設計、調達、製造の各部門は、会議で決められた目標とする原価を営業部門から予算として受け取り、各部門はその予算を使って仕事を進める仕組みだ。一方営業部門は受注金額のすべてを予算として各部門に配布してしまうと管理経費、利益が賄えなくなる。相互に予算をけん制することで各部門に高いコスト意識が生まれる。「全社的な利益管理

建物外観写真

300箱／分の能力を出すカートナー

モノづくりの最初から最後まで携われる

業績還元の一環で5年に一度家族も招待してハワイ旅行へ

を徹底することによって、単品受注でも安定した利益を生み出せる」（木下社長）と言う。社員にとっては厳しくもある利益管理の実効性を支えているのが、「従業員の従業員による会社」を掲げていること。同社にはいわゆるオーナーが存在しないため、主役は一人ひとりの従業員。経営に関する情報はすべてオープンにし、計画を超えた利益の25-33％を社員に還元するルールを明確化。「社員にプロフィットセンターの役割を負わすのだから、利益還元するのは当然」（木下社長）として、還元した利益で5年に一度は家族まで招待するハワイ旅行を実施している。

プラ問題対応やリチウムイオン電池でも実績

今後は、人口減少に伴う国内需要の低迷が見込まれることから、①グローバル展開の加速、②医薬分野の拡大、③環境関連案件の強化—の3点を重点施策に単品受注生産のフィールドを広げる。単品受注生産方式は設計、製造に高度な技術者を要するため文化や言葉の異なる海外での事業展開は困難であるが、2017年、米国に生産の拠点を設立し、事業展開を進めている。医薬分野では包装機械に加え、錠剤に高速で印字する装置等、製薬に近い分野にもアプローチをしている。さらに環境関連では、プラスチック問題による包装イノベーションへの対応や、リチウムイオン電池の組立装置などで実績を上げている。

新入社員教育は実務を通して10年に及ぶという徹底ぶり。社員一人ひとりの知識とスキルで成り立っている会社だが、大切にしているのがコスト意識と好奇心と探求心。「勉強の仕方を知っている人が当社にはマッチする」として、3年間で最も自己研鑽をした社員を役員と労働組合代表で審査を行い、最優秀賞賞金のほか、海外研修旅行が贈呈される。「従業員の従業員による会社」を標榜する京都製作所は、従業員のために成長を続ける会社でもある。

｜わ｜が｜社｜を｜語｜る｜

代表取締役社長 兼 COO
木下 喜平氏

生産合理化のよきアドバイザー

当社は、お客様の工場の生産合理化・省力化設備を開発する機械メーカーであると同時に、企画・製造・流通を包括した生産合理化のよきアドバイザーでもあります。これまで多くのお客様から数多くの課題が提示され、これを解決に導く技術を積み重ねて当社は成長してきました。いわば食品、飲料、医薬といったトップメーカーは、私たちを育ててくれる強力な応援団。多くのお客様から絶大な支持をもらえるようになりましたが、同時に日本のトップ技術者と渡り合えるプロ意識を持つことが重要です。ときに逆風と向き合うこともありますが、課題をクリアしたときの達成感は格別です。コスト意識と好奇心と探求心を持ち続け、自己研鑽に努める社員らの力で、京都製作所は新たな成長を目指してまいります。

会社DATA

所 在 地：	京都市伏見区淀美豆町377-1
設 立：	1948（昭和23）年3月
代 表 者：	橋本 進・木下 喜平
資 本 金：	18億9,190万円
売 上 高：	単体：357億円（2022年3月期）連結：409億円（2022年3月期）
従業員数：	連結：957名（2022年3月31日現在）
事 業 内 容：	包装機械事業、ラインエンジニアリング事業、IT関連機器事業等
U R L：	https://www.kyotoss.co.jp

▲京都電機器株式会社

日本の半導体製造装置を支える老舗の電源装置メーカー
──先進のデジタル制御技術でパワー＆オプトエレクトロニクス市場で躍進

ここに注目！ いち早いデジタルシフトが生み出した圧倒的な製品競争力
パワーモジュールの内製化に始まる製造技術のブラックボックス化

本社工場にズラリと並ぶ3Dプリンター。治具や試作品を短時間で造り出せる3次元積層造形装置の充実ぶりは、京都電機器株式会社の内製比率の高さの表れだ。半導体や液晶ディスプレイ製造装置用の電源装置を主力にする京都電機器。2006（平成18）年に、装置の心臓部ともいえるパワーモジュールの内製化に踏み切った。2代目の小西秀人社長いわく、「チップはウェハーで購入するが、その後の工程はすべて自社クリーンルームで内製している」というから驚きだ。最近は、パワーモジュールだけでなく各種生産設備や検査設備も内製を基本にしており、製品を分解されても容易に真似できない製造全般にわたる技術のブラックボックス化が、同社の隠れた原動力になっている。

回路設計からシミュレーションまでの一貫したモノづくり

義父が創業した変圧器の製造会社は、設立から今年で60年。現在は、電源装置のほか一時的な電圧低下による影響を防止する瞬時電圧低下保護装置などのパワーエレクトロニクス事業と、画像処理用LED照明を中心とするオプトエレクトロニクス事業を二本柱に、回路設計、ソフト設計、プリント基板設計から、生産設計、各種シミュレーションまでの一貫したモノづくりを提供する。なかでも世界的な日本の半導体製造装置メーカーの多くが、京都電機器の電源装置を採用しているという現実は、同社の圧倒的な強さを物語る。

競争優位を保つために重要なのが小型化だ。「莫大な投資を必要とするのが半導体製造工場。クリーンルーム内の〝地価〟は、都心のど真ん中に匹敵する。可能な限りコンパクトな装置にすることが求められる」と、小西社長は説明する。創業以来の高電圧、高周波スイッチング技術、さらにはマイコン、FPGA（書き換え可能な集積回路）といったIC制御技術をテコに、最先端のパワーデバイスであるSiC（シリコンカーバイド）デバイスを搭載した電源装置をいち早く商品化。小型化、高効率化、軽量化を実現することで、揺るぎない業界ポジションを獲得した。「高効率のSiCデバイスに

京都電機器　本社工場

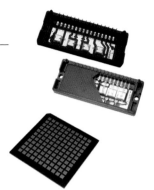
パワーモジュール

活躍する女性スタッフ

年内完成予定の資材棟

すれば発熱が抑えられ、従来の水冷が空冷にできる。SiCのメリットは大きい」（小西社長）。今では同社製電源装置の半分近くが、SiCデバイス仕様になっている。

一方のオプトエレクトロニクス事業は、電源技術の発展系として成長を遂げてきた。画像処理用のLED照明やUV-LED照射装置など、医薬品や食品工場といった生産現場の外観検査をはじめ、用途に応じた様々な照明や光学製品を提供しているが、ここでもデジタル制御に基づく電源技術が生かされている。アナログの時代のモノづくりをベースに、通信を含めたデジタル制御技術を駆使したモノ

づくりへ変貌を遂げたことが、同社成長の要因と言えるだろう。年内には、電子部品などを保管する資材棟を建設し、電子部品を集約することで製造スペースを拡充する方針で、拡大する製品需要に対応する方針だ。

全社を挙げてペーパーレス

デジタルシフトの動きは、技術開発に留まらない。「全社を挙げてペーパーレス化に取り組んでいる」（小西社長）というように、製造現場ではディスプレイ中心の作業を徹底していく一方、バックオフィスでもAI駆動のロボティック・プロセス・オートメー

ション（RPA）を導入、事務作業を効率化している。

「当社が手掛ける中容量カスタム電源のニーズはなくならない。今後も技術力を磨いて高速通信に対応した高品質な製品を開発していく」と語る小西社長。最近は、大手メーカーに勤めていたベテランのエンジニアを積極的に雇い入れ、中堅・若手とタッグを組んだ技術の伝承に力を入れている。日本が培ったモノづくりの高度な知識と、最先端のデジタル技術を融合させた京都電機器の躍進が、しばらく続くことになるだろう。

│わ│が│社│を│語│る│

代表取締役社長
小西 秀人氏

「こんな製品があればいいなあ」を具現化する

創エネ・省エネ・蓄エネをキーワードにした高効率の電源装置と、LEDや蛍光管、キセノン管等を光源にした外観検査用照明装置を軸に、パワーエレクトロニクスとオプトエレクトロニクスの二つの事業を展開してきました。二つのビジネスをつなぐのがデジタル制御技術で、これが当社のコア技術でもあります。市場環境の変化により、小型化、高効率、軽量化の要求は

一段と高まるなか、今後もコツコツと技術力を磨き、お客様からの「こんな製品があればいいなあ」を具現化し、世にない新しい製品を生み出していきます。

会社 DATA	
所 在 地	京都府宇治市槇島町十六 19-1
創　　業	1955（昭和30）年2月21日
設　　立	1962（昭和37）年3月6日
代 表 者	小西 秀人
資 本 金	9,060万円
従 業 員 数	180名（2022年4月現在）
事 業 内 容	パワーエレクトロニクス事業、オプトエレクトロニクス事業ほか
U R L	https://www.kdn.co.jp

モノづくり

ＩＴ・ソリューション

医薬・化学

商社・サービス

建設・住設

社会インフラ

株式会社工進

ポンプを主力に社会に貢献

——噴霧機、発電機、除雪機にも業容を拡大し世界160カ国・地域に販売

ここに注目！ エンジン駆動だけでなく電動化・IT化で時代の流れに対応
北米・ヨーロッパ市場の開拓を通じグローバル企業への成長目指す

株式会社工進は、「ポンプ一筋」のメーカーとして多種多様な製品とアフターサービスを提供することで信頼を蓄積し、経験と実績を積み重ね、液体や気体を運ぶために欠くことのできないポンプのスペシャリストとして産業界に確固たる地位を築き上げた。特に、この10年は、製品群の幅を広げることに成功しており、発電機や除雪機、噴霧機などを開発。農業分野に加え、土木、工業、船舶、家庭向け分野に進出し、まさに社会のインフラや人々の生活を支える存在となっている。

技術力を背景に、現在は自社ブランドの専用エンジンもつくっており、エンジンポンプは同社の代名詞的位置づけとなっている。加えて電動化の流れの中、モーターやリチウムバッテリー式の商品も手がけており、京都、中国・浙江省寧波市、タイ・バンコクの3カ所で製造する。また米国には販売拠点となる現地法人を置き、世界規模でユーザーの開拓とアフターサービスを提供する。

海外比率7割目指し、世界にチャレンジ

同社の強みは、モノづくりの力だ。農業用小型機械というジャンルでは国内有力企業で、エンジンポンプに限れば内外でトップシェアレベルの製品を持っている。製造に関しては内製の拡大にチャレンジしており、ポンプのアルミ部品は自社で加工し、アルミ成形用金型も自社で製作する力がある。これらがメーカーに欠かせない原価低減と、現場のユーザーの声を十分にくみ取って製品に反映させることにつながる。営業担当者やサービス担当者もユーザーの現場で様々なニーズをつかみ、スピードをもって頻繁に製品群の改良や仕様変更につなげているという。

その上で、海外市場開拓に挑む。小原英一社長は「10年後に海外売上比率を7割にしたい。売上高は1000億円前後で、ポンプ関連業界で世界の上位に食い込むグローバル企業になりたい」とビジョンを語る。これまでは国内市場に力を注いでいたが、市場の環境が目まぐるしく変化する中で、一層海外市場を取り込む必要を感

空から見た本社全景

お客様にいかに喜んでいただけるかを皆なで検討

農業用ドローン充電など、様々な現場で利用できる製品を提供

モノづくり

ＩＴ・ソリューション

医薬・化学

商社・サービス

建設・住設

社会インフラ

じている。

さらに、エンジンからバッテリーによる電動化の流れにもしっかり対応し、自動運転、通信技術によるリモートで操作・管理などに対応できる研究開発を進めている。

若手社員に多くの学びの機会と、"任せる"社風で変革目指す

「若手社員には世界にチャレンジしていってほしい」と小原社長は若手に大いに期待する。「やりたい人には責任を持って任せるといういう気風が当社にはある。やりがいを感じてもらえるはず」とも。

なかでも、研究開発に意欲のある人材の確保に目を向ける。開発担当者であれば、市場調査のための海外出張のチャンスも多いといい、仕事への興味とチャレンジ精神を実現できる職場環境となっているようだ。

事実、海外市場開拓に向けては、日本人に限らず海外営業担当者も必要となる。北米ではポンプや発電機、ヨーロッパでは水中ポンプの販売にさらに力を注ぐと同時に、世界で活躍していけるスタッフの増強もはかっていく。2021年末に本社工場増築の投資に踏み切った理由の一つは、海外で製造している製品を国内でもつくれるようにすることを狙ったもので、部品となるプラスチックの成形も自社で手がけようと試みている。会社の挑戦はまだまだ続く。

それだけに、社員の待遇面では、給与水準は同業他社より10％程度高く、休日を増やし、人材の確保と定着につなげ、世界にはばたく日に備えている。

｜わ｜が｜社｜を｜語｜る｜

代表取締役社長
小原 英一氏

やりがいは無限な会社

当社の歴史は、「革新と挑戦」です。「お客様にとって、より良い商品とサービスをお届けしたい」という変わらぬ思いで、現場に寄り添いながら、事業を通じて社会の発展と人々の生活の向上に貢献してきました。そして、今では世界約160の国と地域に商品を提供しています。

創業100年に向けて、豊かな社会、産業、生活の創造に持続的な貢献を果たす企業であり続けることを目指して、お客様と向き合い、抱える現場の課題にフォーカスし、お役立ちできる「ベストソリューション」を提供できる、新しい価値を創造し続ける集団でありたいと思っています。若手の皆さんにとって、学び続ける姿勢を持っていただければ、やりがいは無限な会社です。

会社 DATA

所　在　地：京都府長岡京市神足八ノ坪12
創　　　業：1948（昭和23）年2月
設　　　立：1956（昭和31）年2月
代　表　者：小原 英一
資　本　金：9,800万円
売　上　高：156億円（2022年1月期）
従業員数：280名（2022年3月現在）
事業内容：ポンプ、噴霧器、園芸機器、発電機などの製造・販売
Ｕ　Ｒ　Ｌ：https://www.koshin-ltd.jp/

▲ コロナ株式会社

あらゆる燃焼設備の「困った」「こうしたい」に応える提案型企業
――創業70年を超す産業用バーナーのエキスパート

伝統と信用にあぐらをかかず、積極的に挑戦する社風
前例にとらわれず「ゼロベース」から考える提案力

人類が初めて利用したエネルギーは「火」だ。発掘調査によると160万年前には化石人類が火を利用していたようだ。「火」は光源や暖房、調理などで使われたが、その後は製鉄や化学といったモノづくりに利用されるようになった。その「火」を自在に操り、産業を支えているのがコロナ株式会社である。

「安定企業」から「挑戦する社風」への大転換

コロナの創業は1949（昭和24）年2月。創業者の小山勇元社長が工業用オイルバーナーや工業炉の設計・製作・販売を始めた。商標の「コロナ」は太陽の周囲に見える光環のことで、「火」の象徴として名付けた。イタリア語では「王冠」を意味し、バーナーでトップ企業を目指す創業者

点火用ガスバーナー

食品加工用ガススチームコンベクションオーブン用ガスバーナー

の心意気がうかがえる。

同社は1958年に熱風発生機「コロナ　ホットコーナ」を商品化。1963年にはパッケージタイプオイルバーナーの「メカニカルガンバーナ」を家庭用小型温水器、農業用乾燥機向けに発売し好評を得た。1971年にパッケージタイプガスバーナーの「パワガスバーナ」を開発、業務用温水器や各種工業用乾燥設備として大いに売れたという。世界が第1次石油ショックの激震に揺れた1973年には、噴霧空気消費が非常に少なく燃費性能に優れた二流体噴霧オイルバーナーの「超音波オイルバーナ」を発売し、工業炉の省エネ化に大いに貢献した。

1976年には韓国の家庭用温水器や温風暖房機、農業用乾燥機メーカー向けを皮切りに輸出にも着手。台湾やマレーシア、中国などのアジア諸国向けに販路を広げている。国内外の顧客からの信頼も厚く、バーナーメーカーとして確固たる地位を固めた。だが、2010年に小山均専務（当時）が社長に就任すると、大きな転機を迎える。「顧客から信頼を得て、業績も安定していたため、保守的な社風になっていた。経営に問題があったわけではないが、やっている仕事は代わり映えがなく面白くない」と感じた小山新社長は、「挑戦する社風」への転換を目指す。

問題点を絞り込んだ具体的な提案で高付加価値製品を提供

「半世紀前に設計した製品が相

事業内容案内 日本工業炉協会主催展示会 工場社屋

モノづくり

ＩＴ・ソフトウエア

医薬・化学

商社・サービス

建設・住設

社会インフラ

変わらず売れている。顧客から不満が出ていたわけではないが、それに甘んじていてはいけない」と感じた小山社長は、まず顧客の声を徹底的に聞くことにした。ところが顧客の反応は薄い。それもそのはず、顧客は既存製品で十分に満足していたのだ。そこで「待ち」の営業から「提案するメーカー」への転換を目指すことにした。正直にわかりやすく説明することで、顧客にとってメリットがある新技術の導入を促していく。営業先も購買担当から技術・設計担当へ拡大し、自社技術の優位性をアピールした。とりわけ好評

だったのは燃焼制御による省エネ技術の提案で、大手企業との新規取引も。

「顧客の要望を徹底的に聞き込んで、アバウトな売り込みではなく問題点を絞り込んだ具体的な提案をしていく」（小山社長）ことで、顧客からの信頼を得た。こうした取り組みには、常に新しい技術を生み出す柔軟な発想力が必要だ。同社は「ゼロベース」で考えることを徹底している。安全や性能が担保できるなら、どんな奇抜なアイデアでも構わない。「まずはやってみよう」がモットーだ。

行政からの補助金で多軸加工機

も導入。これまで外注に頼ってきた部品も内製化できるようになった。自分たちが自由に発想したモノづくりが可能になり、開発力の向上にもつながる。小山社長は「昔からの技術で製品をつくり続けていたら、競合他社との価格競争になるところだった。独自技術を駆使した付加価値の高い製品を送り出すことで安定成長ができた」と振り返る。こうした「挑戦するモノづくり」で、現在約２億円の年間売上高を４億円へ引き上げる計画だ。創業70年を超えた老舗企業の「変革」へのチャレンジは着実に実を結んでいる。

｜わ｜が｜社｜を｜語｜る｜

代表取締役社長
小山 均氏

10年、20年、30年先の技術ベースがある

「全員が同等の立場で働く」のがモットー。個人の能力は様々なので、職場では互いの能力を尊重しながら切磋琢磨しています。社員からの提案に「そんなことはやらない」と門前払いしたことはなく、何でも好きなことができる会社で、社員教育も丁寧に実施しています。自分をしっかり持っている人にとっては、働きがいのある職場。バーナーをはじめとする「熱」関

連の機械は永久に残るビジネスですが、環境対応やSDGｓなど新しい技術が求められており、こうした社会のニーズに応える付加価値の高い仕事に取り組んでいます。当社の製品は緻密な制御が可能で、取り付ける装置の特性に合わせているためエネルギー消費にムダがない。社会に貢献できる仕事です。

会社DATA	
所 在 地：	大阪市西淀川区歌島2-5-43
創 業：	1949（昭和24）年2月
設 立：	1957（昭和32）年6月
代 表 者：	小山 均
資 本 金：	5,000万円
従業員数：	20名（2022年6月27日現在）
事業内容：	油バーナー、ガスバーナー、熱交換機等の製造販売
U R L：	https://www.coronajapan.net

◢サムコ株式会社

化合物半導体加工に強みを持つ装置メーカー
──車の電動・自動運転化で広がる需要

ここに注目！ 誰も手を付けない困難な分野に挑む、ニッチな技術へのこだわり
GAFA とも直接取引

自動車や家電、スマートフォンといった身近な製品の重要部品として不可欠な半導体。車の電動・自動化や、様々なものがインターネットにつながるIoT時代へと進む中で、需要拡大が確約された市場だ。ただ、社会の急速な電動化は電力需給を逼迫させるため、個々の機器や製品の低消費電力化が、乗り越えるべき壁となる。そこで注目されるのがシリコン単一の半導体とは異なる、化合物半導体だ。この分野の加工装置に強みを持つサムコ株式会社は、2021年7月期決算で売上高57.5億円、純利益が過去最高の7.5億円を記録した。近い将来、その数字も通過点となりそうだ。

難加工材料の装置に特化し、市場ポジション構築

1979年、京都市伏見区の片隅に誕生したガレージカンパニー。

創業者はNASA（アメリカ航空宇宙局）の研究員だった辻理氏（現会長兼CEO）だ。80年に太陽電池向けのアモルファスシリコンを成膜するCVD装置、81年には国産初の化合物半導体用MOCVD装置を開発し、国内外で実績を伸ばした。その後、成長の踊り場を迎えた90年代半ば、同社は、化合物半導体を中心とした難加工材料向けに特化する方向へ舵を切り、成膜や、微細回路を作製するエッチングの装置設計技術を深めた。

誰も手を付けない困難な分野に挑む、というのが同社の方針。これが現在の業界内でのプレゼンスに繋がっている。

化合物半導体は種類が細かく分かれ、各マーケットはまだ大きくはない。「大手が手掛けるには市場が小さく、プレーヤーが少ない」と川邊史社長兼COOは市場

特性を語り、早くから根を張ってきた化合物半導体分野での優位性に自信をにじませる。

EV（電気自動車）で採用が進む炭化ケイ素（SiC）パワー半導体や、青色LEDの材料である窒化ガリウム（GaN）など、化合物半導体の需要は強い。ただ、高い電圧と熱に耐えられ、電力損失が小さいという特長とともに、加工の難しさを併せ持つ。「サムコなら、それが可能」（川邊社長）。社名は、Semiconductor And Materials Companyの略。半導体だけでなく、材料科学に精通し、長年蓄積したノウハウを持つ企業にしかできない最適なプロセスで微細な加工を実現している。

次世代パワー半導体の世界市場は13倍に

パワー半導体の世界市場は、2030年に21年比で2.6倍の5

医療・バイオ向けデバイスの開発に貢献しています

薄膜技術 サムコのコア（はく まく）

ライフサイエンス
・医療　・バイオ

再生可能エネルギー
・太陽電池　・パワーデバイス

リサイクル
・ペットボトルのコーティング

薄膜技術を活かして新規分野へ参入

若手社員が活躍できる職場

生産用装置の検査

生産技術研究棟

モノづくり

ＩＴ・クリエイティブ

医薬・化学

商業・サービス

建設・佳設

社会インフラ

兆3587億円となり、うち、シリコンパワー半導体は同2.1倍の4兆3118億円、次世代パワー半導体（SiC、GaN、酸化ガリウム、ダイヤモンド）は同13.3倍の1兆469億円へと伸びる見通し（富士経済研究所調べ）。また、自動運転では、物体の形状、距離を測定するセンシング技術「Li-DAR」で化合物半導体が採用されるなどで、その加工装置の潜在需要は拡大している。

　一方、難加工技術をコアとするサムコが活躍するフィールドは、化合物半導体だけではない。スマートフォンに搭載される高周波フィルターの微細加工など、電子部品の加工装置も同社の成長エンジンだ。また、近年ではライフサイエンス分野でオンリーワン技術を確立。水蒸気を用いた独自のAqua Plasma®を使い、マイクロ流体チップに使用する樹脂の常温接合を実現した。接着剤や熱溶着を不要にした強固な接合は、チップの品質を高め、それを使用する検査や分析の正確性を高めることから、医療機器メーカーへの納入を目指す。

　様々なニッチ市場で存在感を高められるバックグラウンドには、電子部品を筆頭に製造業が集積する京都の地の利があるという。最小限の製造機能を自社で持ち、大半の部品や部材を協力工場に任せるファブライト経営。川邊社長は「信頼できる多くのパートナーがいるから、設計に集中できる」とする。同社の取引先は国内外で年々増加、いまやGAFA（Google、Amazon、Facebook＝現Meta、Apple）の中の複数社とも直接取引するまでに広がった。京都から世界へ―。付加価値を高め続ける限り、その広がりに限界はない。

| わ | が | 社 | を | 語 | る |

代表取締役社長
川邊　史氏

自分たちのやりたいビジネスを続けるために

　サムコは「グローバル中堅企業」を目指しています。なぜ"中堅"なのか？　企業規模に関わらず、卓越した技術は世界で認められることを経験として知っているからです。闇雲に規模は追わなくていい。むしろ、下請けにならず独立性を保つことの方が重要。「この値段で装置を売ってくれ」と言われても、適正でないと判断した場合に「それでは売りません」と言える企業でありたいと考えています。

　自分たちのやりたいビジネスを続けるためには、付加価値を高め続けることと、それを顧客へ伝える不断の努力が必要です。コロナ禍の混乱が落ち着き、いま世界市場の再開拓を進めようとしています。チャレンジングな目標へ、ともに取り組める仲間を求めています。

会社DATA

所　在　地	：京都市伏見区竹田藁屋町36
設　　　立	：1979（昭和54）年9月
代　表　者	：辻　理、川邊　史
資　本　金	：16億6,368万円（東証プライム市場上場）
従 業 員 数	：173名（2022年7月）
事 業 内 容	：半導体等電子部品製造装置の製造販売（CVD装置・ドライエッチング装置・ドライ洗浄装置等）
U　R　L	：https://www.samco.co.jp/

▲サムテック株式会社

古代から伝わる鍛造の「最高峰」を実現し、自動車産業を支えるニッチトップ企業
——まもなく創業110周年を迎える熱間鍛造のパイオニア

ここに注目！ 歩留りを従来から15％以上も改善した卓越の技術力
金型から治具までカバーする総合的な生産技術力

鍛造の歴史は長い。日本刀が国内最古の熱間鍛造品で、炭やワラで加熱した鋼を人間が鎚を振るって鍛錬していた。現代では電気炉などで加熱し、プレス機を用いて鍛錬しているが、鍛造の原理は変わっていない。

サムテック株式会社は1913（大正2）年に創業し、まもなく創業110周年を迎える熱間鍛造専業メーカーだ。創業者の阪口久二郎氏が個人経営の鉄板抜物工場を立ち上げ、自転車部品の素材やワッシャリングなどの製造を始めた。1957年に2代目社長の阪口鉄男氏が鉄板抜物から熱間鍛造品製造に事業転換した。

歩留りで群を抜く

熱間鍛造品は1250℃まで加熱した鋼を鍛錬することで生産される。直接目にする機会は少ないが、自動車や船舶、建機等の大きな力がかかる部品は、これらの技術がないと成り立たない。金属部品には素材から削り出して製品に加工する切削製品などがあるが、熱間鍛造品は金属内のメタルフロー（鍛流線）が密になるため強度や耐久性が向上する。切削部分がないため、歩留りに優れ、より少ない材料で製品を作ることができるといった優れた特性がある。地味ではあるが、自動車産業をはじめモノづくりになくてはならない製品なのだ。

数ある熱間鍛造メーカーのなかでも、サムテックは総合力を示す「取り代の少なさ」で顧客の要望に応えてきたが、さらに追及した結果、世界でも同社だけが「熱間閉塞鍛造」の量産化に成功している。歩留りを従来比15％以上も改善。その高い技術優位性は、ベアリングメーカーや各種部品メーカーからも高く評価され技術表彰も受けている。同社の強みは技術力だけではない。国内外問わず金型はすべて自社で設計・製作しているため、受注から試作までのリードタイム短縮や受注の振れに対しても柔軟に対応できる。

同社は10年前に工機工場を新設。鍛造プレス機に使用するダイセット（金型をプレス機に固定して正確に上下運動させるガイド）や大物治具などの設計・製作やメンテナンスも自社で手がけている。鍛造製品の精度を左右する大物治具などの内製メンテにより不具合への対策が迅速化できるだけでなく、製造現場で得た技術情報のフィードバックをいち早く次の設計に反映できる。日進月歩の製

2020年に竣工した羽曳野第7工場

T3000-4熱間鍛造ラインの稼働開始記念

24

真っ赤に焼けた鍛造品

若手社員も大活躍

社内の農場で育てたサツマイモ
の収穫祭で家族も楽しんでいる

モノづくり

ＩＴ・ソリューション

医薬・化学

運輸・サービス

建設・住設

社会インフラ

造技術競争では大きなアドバンテージだ。

加えてプレス機をはじめ、各種設備の保全工事なども外注から内製に切り替えることで、社員教育やメンテ力の向上、コスト削減にも貢献するといった効果も出ている。社内に保全学校も設立し、自分が担当する設備が動かなくなったら「なぜ動かないのか」を理解できるようにしたのだ。製造現場の若手社員を2～3名、保全課に「社内留学」させて設備に強いオペレーターを育成している。

管理職も現場に密着したプレーイングマネージャーが多い。現場をしっかり理解した上で指示が出せるので、開発や改善のスピードが速く、様々な困難やトラブルにも、社員全員が一致団結して乗り越えている。どれだけ素晴らしい設備があり、資本力があっても、良い人材がいないと良い製品はできず、会社は繁栄しない。だから月に1回、すべての業務を停止して社内教育を実施（月2時間）するなど、社員のスキルアップにも力を注ぐ。

仕事だけではない、従業員会主催の春祭りやクリスマスパーティー、社員旅行、社内の農園で育てた野菜の収穫会や社員が自宅で育てた農作物の社内販売、ゴルフ、スキーといった同好会などを催し、従業員とその家族も含めて遊びを通じて人間関係やコミュニケーションの円滑化を図っている。「やる時はやる！楽しむ時は楽しむ！」のメリハリある社風こそが、長期安定成長に欠かせない「技術力」と「団結力」という会社の両輪を回しているのだ。

|わ|が|社|を|語|る|

専務取締役
阪口 直樹氏

技術に裏付けされた経験則に一日の長

熱間鍛造業はニッチな業種です。この業界では、いろいろな解析技術が発達してもすべてを解析しきれない事象がたくさんあります。製品の生産工程で温度や圧力、潤滑、冷却といった条件が揃わないと良品廉価な大量生産はできません。それゆえ技術力に裏付けされた経験則に一日の長があり、やりがいのある業界だと思います。

しかし、残念ながら3K（きつい・汚い・危険）の典型的な職場であることも事実です。だからこそ社員同士のつながりを深くして、「ワンファミリー」で臨むことが非常に重要だと考えています。ワンランク上の鍛造会社を意識し、職場全員が楽しみながら「業界ナンバーワン」を目指して行きたいと思います。

会社DATA

所　在　地：大阪府柏原市円明町1000番18
創　　　業：1913（大正2）年
設　　　立：1949（昭和24）年
代　表　者：阪口 善樹
資　本　金：9,500万円
従 業 員 数：441名（2022年6月1日現在）
事 業 内 容：自動車用鍛造品およびフローフォーミング成形品ならびに高圧ガス容器の製
　　　　　　造販売
U　R　L：http://www.samtech.co.jp/

▲ 株式会社三昌製作所

パワー半導体の銅部品を通じて脱炭素社会の実現に貢献
——パワー半導体の課題とされる熱対策を銅材プレス技術で解決

ここに注目！ 独自の銅材プレス技術と協力会社による技術力、提案力、対応力
拡大が予想される自動車の電動化を背景にした銅部品ニーズ

電力を効率的に制御し、省エネルギーをもたらすパワー半導体。脱炭素社会の実現に不可欠なキーデバイスとして、電気自動車（EV）や再生可能エネルギー発電の電力制御などでの採用が急増している。そんなパワー半導体の放熱板（ベース板）や電極端子を製造し、カーボンニュートラルの取り組みを陰で支えている部品メーカーが、株式会社三昌製作所だ。

同社の最大の特徴は、他の金属に比べ柔らかく、加工が難しいとされる銅材のプレス加工に優れている点である。鉄やステンレスなどの通常金属の加工業者は数多く存在するが、「外注先を探しても、なかなか見つからない」（山田孝社長）というように、意図しない変形やバリが出やすい銅のプレス加工を得意とする業者は多くない。同社は、最大板厚5mmのコイル材からベース板を作り出すとともに、厚さが2mm以下の複雑な精密加工を要求される電極端子を歪みやズレがなく量産できる。

「顧客と一緒に様々な課題解決に取り組むなかで、技術力や提案力を高めてきた」と山田社長は語る。顧客の要求に合わせて、ベース板に微妙な反りを持たせることも可能である。また、協力会社と連携し、これら銅部品へのメッキ加工や樹脂成形によりパワー半導体用パッケージとして顧客に納める態勢を確立した。パワー半導体を扱う国内半導体メーカーの多くが、同社のベース板や電極端子を次々に採用するようになり、国内有数の銅プレス部品メーカーの座を獲得した。

車載用銅部品の受注が拡大

もともとはハイブリッドカーの草分けである初代「プリウス」から部品提供してきたが、自動車の電動化の動きが高まるにつれて銅部品の受注が拡大している。山田社長は「事業再構築補助金の対象認定を受けて、2022年に35tプレス機8台を増強した。それでも現場からはまだ生産能力に余裕がないとの声があり、態勢をさらに検討する必要がある」と説明する。今後も車載用を中心に銅部品

三昌製作所の外観

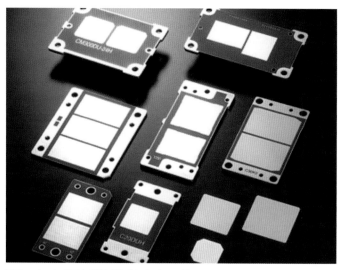

Niめっき・レジスト印刷が施されたベース板

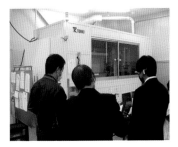

パートナー企業との連携によりパワー半導体用の樹脂パッケージを製造

国内展示会の様子（2022年4月）

京都府立聾学校の会社見学の様子

ニーズの拡大が見込まれるが、取引先メーカーの元パワー半導体技術者との顧問契約や展示会への出展などにより新規開拓の取り組みを強化している。また、従来よりも高速かつ高精度に分析・測定できる三次元測定機を新たに導入し、品質管理態勢も盤石にした。

　一方で、銅をはじめとする世界的な材料不足は、同社の事業拡大を阻むリスク要因である。『『材料がないので対応できない』では、失注しかねない。技術力だけではなく調達力も顧客に採用してもらえるための必要な要件だ」と強調する山田社長は、取引先との連携を取り中国製の材料使用を進めて

いる。材料調達までをカバーした万全の顧客対応力を備えることにより、一段の成長につなげていく方針だ。

社員の自主性を重んじる

　「社員の自主性を重んじる」社風が定着していることも、三昌製作所の強み。「現場におんぶに抱っこの毎日。自分はヒマをしている」と山田社長がうそぶくほどに、社員一人ひとりが問題意識を持ちながら、主体的に行動し問題解決できる組織ができあがりつつある。社員が希望する資格取得をサポートし、取得後は資格手当を支給するなどの社員教育に力を入

れている。さらに、社員の健康管理や社内外のコミュニケーション、有給休暇の取得にも気を配り、働きやすい職場づくりを進めている。

　2020年には、障がいを持つ社員の雇用実績が評価され、京都府の「京都はあとふる企業」の認定を受けたほか、税務署からは優良申告法人の表敬実績もある三昌製作所。持続可能な社会の実現に必要不可欠なパワー半導体の生産を支えている役割は、同社の企業価値と存在感を一段と高めていくことになるだろう。

| わ | が | 社 | を | 語 | る |

代表取締役
山田　孝氏

自社独自の製品・加工技術を目指す

　当社は、1945年に京都で創業して以来、独自の技術力・対応力・提案力、そして一貫した生産システムで、優れた価値を持つ製品を提供してきました。最近では、得意とする銅材のプレス技術や、めっき、樹脂成形技術を土台として、パワー半導体部品の全工程をカバーする態勢を整え、地球温暖化の抑制に貢献しています。これはお客様とともに試作や問題解決に取り組

んだことの積み重ねのお陰と感謝しております。今後もお客様からの注文にしっかり対応することはもとより、将来は自社独自の製品・加工技術を世に送り出し、社会のお役に立てる会社づくりを進めてまいります。

会社DATA

所　在　地：京都市南区上鳥羽岩ノ本町304番地
創　　　業：1945（昭和20）年3月
設　　　立：1956（昭和31）年3月
代　表　者：山田　孝
資　本　金：2,000万円
従 業 員 数：54名（2022年6月時点）
事 業 内 容：電子精密用金属部品・個別半導体部品の金型製作及びプレス打抜き加工・レ
　　　　　　ジスト焼付印刷加工
　　　　　　樹脂成形品加工（協力会社）・メッキ加工（協力会社）
U　R　L：https://sansho-ss.co.jp

モノづくり
ＩＴ・ソリューション
医療・化学
商社・サービス
建設・住設
社会インフラ

▲三精テクノロジーズ株式会社

確かな技術でエンターテインメントの発展を支える
——これまでなかった遊戯機械や舞台機構を開発

ここに注目！ 国内初のジェットコースターを製造した技術者集団
事業領域の拡大とグローバル化に注力

　時速100キロメートル以上で急降下するジェットコースターや、展望デッキが回転しながら高さ100メートル超を昇降するタワー、ステージが自在に動き華やかに彩られた舞台機構など、数々のエンターテインメント設備を技術で支えるユニークな会社「三精テクノロジーズ株式会社」は、1951年にエレベーターを製造する会社として設立された。

　その翌年にはエレベーター技術を応用して舞台機構と遊戯機械の製造にも参入。舞台機構では、ステージの昇降や回転などこれまでになかった動きを可能にし、舞台芸術・演出を大きく変えた。国立劇場や新国立劇場、帝国劇場、日生劇場、歌舞伎座、宝塚大劇場、フェスティバルホール、四季劇場など日本を代表する数多くの劇場に舞台機構を納め、商業劇場での納入実績では圧倒的なシェアを有するまでに成長した。遊戯機械では、1952年に宝塚新温泉（のちの宝塚ファミリーランド）に日本製としては初のジェットコースターを納入、その後も同社が持つ「人を乗せて安全に動かす技術」を応用し、日本初の「動く歩道」や大阪万博の人気アトラクション「ダイダラザウルス」など、ユニークな製品を次々と開発。世界からも注目される存在となり、その後日本に進出した海外大手テーマパークから多数の受注を得たことが、遊戯機械で世界的企業に成長する契機となった。

技術の応用、ギネス認定も

　製品が話題になることで「こんなものを作れないか」と相談を受け、開発することが増えた。両国国技館もそのひとつだ。相撲行事がない日に、式典やコンサート、スポーツイベントなどに活用できるよう、土俵と屋形の収納を実現した。昇降機でも新国立劇場に納入したエレベーターは、大型オペラに使用される巨大な大道具が搬入できるように間口の高さが11mあり、ギネスに認定された。他にも、球場のピッチャーマウンドを昇降させる機構や大型モニュメントをビルの屋上で回転させる機構など、ユニークな特殊機構への技術の応用は枚挙にいとまがない。

ハイブリッドコースター 白鯨（ナガシマスパーランド）

This is 嵐 LIVE 2020.12.31

歌舞伎座

両国国技館 屋形昇降装置

新国立劇場 エレベーター

乗用人型変形ロボット SR-01

事業領域の拡大、グローバル化推進

　舞台設備関連では、2012年にはテレビスタジオのセット（美術・大道具）、コンサート・イベントなどでの仮設舞台・装飾設備などを手掛ける株式会社テルミックを買収。同社は特にLEDビジョン・電飾や映像製作などでは業界最有力で、これまで嵐やEXILE、安室奈美恵、K-POPなど国内外の有名アーティストの演出を多数サポートしてきた。「舞台演出の世界は日進月歩。業界のリーディングカンパニーとしてニーズに対応するために尽力している」と良知昇社長が語るように、5Gや6Gなど情報通信技術が飛躍的に進化し、リアルとバーチャルの技術革新が進む中、コンサートやイベントの表現・伝達手法なども変化しており、舞台設備事業の新たな展開も期待できる。遊戯機械では、2012年に米国S&S Worldwide社を子会社化、2018年にはオランダVekoma社を子会社化することでグローバル化を推進し、国内外の大型テーマパークへの遊戯機械納入シェアは世界トップクラスとなった。さらに日米欧3社の生産や営業体制のシナジーを促進することで、最大市場である北米、成長性の高い東アジア、中東へのマーケティングを一段と強化していく。

活躍の舞台は世界のエンターテインメント業界

　現在、注目を集めているのは、アスラテック株式会社と共同開発した「SR-01」だ。SR-01は、二足歩行で移動可能な人型と、車輪走行で移動可能な車型に変形することができる全高約4メートルの乗用人型変形ロボット。この他、4名までが搭乗できる世界初の4足歩行型ライドの開発を手掛けるなど、ロボットテクノロジーを活用し、ショーやイベント、アミューズメント施設向けロボット型ライドの事業化に向けた開発が進んでいる。また、2025年の大阪・関西万博、それに続くIRの開業、と世界的規模の行事や事業開発が進む中、「エンターテインメント関連で高い評価を受ける企業として、世界のエンターテインメント業界の発展と成功に大いに貢献していきたい」と言う良知社長。グローバル企業としてのさらなる飛躍を期している。

｜わ｜が｜社｜を｜語｜る｜

人を笑顔にするものを作る会社

取締役社長
良知　昇氏

　私にはYour smiles, Our passionというモットーがあります。この言葉を心から体感したのは仕事で米国のディズニーランドに行った時のことです。朝一番でゲートに入ってこられるお客様を見ていたのですが、皆様がとてもいい笑顔で入場してこられたのを見て、"人をこんなに笑顔にするものを自分達は作っているんだ"という強い誇りを感じました。その経験は仕事に取り組む上での私の大きな支柱になっています。こんなに楽しいことを社会に提供できる会社はそう多くはありません。今後も実直にモノづくりに取り組み、情熱を持って世の中に笑顔と感動を提供していくつもりです。

会社DATA

所　在　地：大阪市淀川区宮原4-3-29
設　　　立：1951（昭和26）年
代　表　者：取締役社長 良知 昇
資　本　金：32億5,100万円
従 業 員 数：1,157名（2022年3月現在）
事 業 内 容：遊戯機械　舞台機構　昇降機　特殊機構　保守改修
U　R　L：https://www.sansei-technologies.com/

モノづくり

ＩＴ・クリエイティブ

医薬・化学

商社・サービス

建設・住設

社会インフラ

▲ 三洋金属熱錬工業株式会社

変化する需要構造やコストに対応できる熱処理のエキスパート
——業界トップクラスの規模と生産性を実現し、次のステージへ

ここに注目！

カメラやセンサーを駆使した IoT チェックシステムを構築
ジュラルミン含むアルミの熱処理参入を検討へ

三洋金属熱錬工業株式会社は規模と生産性で、ともに国内トップクラスを誇る金属熱処理会社。鋼材を加熱・冷却して機械的性質を高める熱処理業界はいま、燃料コスト高騰の煽りを受け、2022年春の段階で実に過半数の企業が苦戦を強いられた。しかし、三洋金属熱錬工業は、効率的な連続式熱処理ラインやIoTを活用した合理化などを強みに黒字を確保。堅固な経営基盤をあらためて知らしめた。燃料価格上昇の波に翻弄される時代にあっても勝ち残るための要素を着実に積み上げ、次の成長への準備を進めている。

24時間社内人材による設備メンテと連続操業で効率運営守る

国内3工場合わせた処理能力は月間最大8500トン。一定数を密閉した炉内で処理するバッチ式から、連続式へと設備更新し、現在、連続処理ラインの比率は8割にのぼる。葛村安弘社長は「熱処理の単価低減や効率アップには、ライン停止による温度変更をいかに少なくして連続処理し続けるかが要」と明かす。このため、炉などのメンテナンス技術を社内に蓄積し、設備故障や部品交換の際にも設備メーカーの来社を待たなくていい体制を構築。社員の技術向上により、24時間体制で連続操業が可能となった。これにより主要顧客の自動車部品業界で要求される高い品質と生産性、突発的な短納期にも対応できる柔軟性を身に着けた。

熱処理は、素材や目標とする機械的性質によって、温度の上昇・下降の幅、処理速度などを細やかに管理して金属組織を変えていく緻密な世界だ。品質や生産性を高いレベルで維持することは容易ではなく、葛村社長は「皆には感謝しかない」と、社員への想いを口にする。現場運営の苦労を知るだけに、働き方改革への熱もこもる。近年では、ロボット導入ほか、カメラやセンサーを駆使した

国内トップシェアADI処理用ピット炉

ロボットを活用した工場内風景

女性の技術者も活躍する

福利厚生の一例、キッチンカーによる
かき氷屋さん

本社・工場敷地内にある事務所

IoTチェックシステム構築で、オペレーターの負荷軽減や品質管理の高度化を進めた。

主力の自動車分野の需要減少を見越し、次の一手

IoTで生産や品質管理を進化させる一方、あえてアナログを残している部分もある。

同社の給料明細はいまだ紙。封筒にはA4用紙に、当月の収益状況や経営方針などを社長が綴った手紙が同封されている。「社員だけでなく、その家族も会社のことが気になるだろう」（葛村社長）と考えてのことだと言う。

社員の体調管理にも余念がない。体力を消耗する夏場には、昼食にウナギ弁当を配布したり、地元レストランのシェフに来てもらってステーキを焼いたり、かき氷のキッチンカーに来てもらったり―。昼休みが、度々お祭りのようになる、というユニークな企業だ。

「仕事もプライベートも楽しまなくてはならない」が葛村社長のポリシー。人流が制限されるコロナ禍前までは、福利厚生の一環として社員の家族旅行に5万円を支給していた。社員からもらう旅行先の写真は大切にファイルに納めている。社員とその家族の生活を担う経営者としての意を強めてくれるものでもある。

葛村社長は「EV（電気自動車）化の流れで、自動車部品の熱処理需要は減少する」ことから、営業の情報を基に中長期の減少量を試算。減少分をカバーしてさらに成長するための新規市場開拓を加速している。

建築分野では、鋳物部品を特殊熱処理によって硬さと靭性を持たせるADIでシェア30%と国内トップシェアを既に確保。ピーク時に売り上げの80%を占めていた自動車向けを現在約60%とし、建築部材15%、産業機械向け25%という構成比にした。売り上げの柱をより多くするための技術開発会議では常に活発な議論が交わされ、葛村社長は「数年前に入社した学部卒の若手メンバーの成長が著しい」と目を細め、自社の成長性に確信を持つ。今後、同社はジュラルミン含むアルミの熱処理を開始し、航空機分野を開拓する方針だ。産業界で需要構造や、燃料をはじめとするコスト変動は付き物。変化に対応できる力を持つ企業のみが、次のステージへと上がることができる。

｜わ｜が｜社｜を｜語｜る｜

代表取締役社長
葛村 安弘氏

個人が楽しみ、成長する会社

三洋金属熱錬工業では、社長方針として「家族のために、自分のために」を掲げています。日本人はよく「会社のために」と考えがちですが、それは必要ありません。大切な家族や自分のためにと考え、行動すれば自ずと成長し、企業全体が活性化すると考えています。成長の場を用意するのは経営者の仕事。このため勉強会に力を入れています。バランスシートの見方や、危ない会社の見分け方を調査会社に講習してもらうなど、仕事に直結するものはもちろんのこと、地元の製茶会社「つぼ市」の社長を招き、美味しいお茶の入れ方を教わったこともあります。学びや気付きは楽しいものです。個人が楽しみながら成長し、企業としても伸び続ける会社です。

会社DATA

所　在　地：大阪府堺市美原区今井348-1
設　　　立：1961（昭和36）年4月
代　表　者：葛村 安弘
資　本　金：2,000万円
従 業 員 数：約110名
事 業 内 容：金属熱処理全般
Ｕ　Ｒ　Ｌ：http://www.sanyounetsuren.com/

新晃工業株式会社

世界中に最適な空気質を提供するAIR DESIGN COMPANY
——目にする機会はなくても、誰もが知っている身近な建物で活躍

ここに注目！ 製販一貫の完全受注生産で多様な需要変動に柔軟に応えられる対応力
デジタル化とESG経営を軸にした大胆な企業変革

あべのハルカスや六本木ヒルズといったビル建物は当たり前。京セラドーム大阪といったスタジアム、関西国際空港や東京駅、東京スカイツリーをはじめとする人流拠点、さらには日本を代表する重要文化施設にも納入している。目にする機会はほとんど無いけれども、誰もが知っている身近な施設や建物で活躍し続けているのが、業務用セントラル空調機器のトップメーカー、新晃工業株式会社だ。

1957年に国産初の工場生産型の空調機を開発、ビルや大型施設などに用いる空調機メーカーとして発展を遂げ、現在国内販売台数のトップシェアを誇る。建物全体の空調を一括管理するセントラル空調機は、地方の公民館などは数百万円規模だが、最近需要が急増しているデータセンター（DC）向けでは数千万円。さらに大規模開発の都市型施設になると数十億円規模にも達する。製品はほぼす

べてオーダーメイド。自社で製造から販売まで一貫して行うビジネスだ。

製販一貫体制と情報収集能力で強みを発揮

なぜ新晃工業は、国内トップであり続けることができるのか。まずは設計から製造、販売、工事・サービスまでの製販一貫体制を確立していること。顧客のきめ細かな要望を満たす製品を設計開発するとともに、緊急時の迅速な対応を含め、「新晃なら任せられる」という絶大な信頼を積み重ねてきた。さらに設計事務所やゼネコン、サブコンとの密接な情報交換を通じて、完全受注生産での課題とされる生産の平準化を実現してきたことも大きな強みだ。末永聡社長は、「制限された設備機械室に収めるため、いかにコンパクトに、音や振動を出さないようにするかが問われる。都市部のプロジェクトでは、特定のゾーンだけ

を冷やすといった高度な要求もある。建物によって異なる様々なニーズを着実に満たせることが大きい」と解説する。例えば、ギリギリのスペースに合わせる設計対応力や、工場空調などの産業系では結露対策などの個別の要求に応じるのはもちろん、わずか数カ月の短納期に対応することもあるという。

将来に向けた成長戦略も明確にした。中期経営計画「move2025」では、主力の水方式空調機に加え、ダイキン工業との提携に基づくヒートポンプ空調機、工事・サービス事業、中国事業の強化と、技術深耕・品質向上を重点取り組み項目に掲げる。2022年4月には営業組織3部門に再編し、市場戦略として大型ビル、産業、データセンター、更新、個別空調の5つを重点ターゲットに設定。市場の特徴・求められる技術要件などを見据えたポートフォリオ戦略を展開する。

大阪府に新設した体感型ショールーム

自動化への取り組みであるライン生産とAGV

納入実績　六本木ヒルズ森タワー

主力製品である空気調和機（AHU）

モノづくり

IT・ソリューション

医薬・化学

商社・サービス

建設・住設

社会インフラ

デジタル化の推進と業務改革

　この「move.2025」で中核となるのが、次世代型個別受注生産方式への進化を目指す「SIMAプロジェクト」。末永社長は、「これまで匠の世界でオーダーメイドの製品づくりを続けてきたが、今後はモジュールの発想を取り入れたデジタル化を強力に進める」と強調。まずは3次元CAD化で設計から積算、製造までをデジタル化・自動化し、最終的には営業やメンテナンス領域まで含めた全社

的なデジタル対応を目指す。業務の進め方を抜本的に改革するとともに、海外で主流のモジュール生産に対応して中国事業の拡大につなげる。

　ESG経営も積極化している。すでに工場の電気はCO_2フリー電力に転換し、2050年のCO_2排出量実質ゼロを掲げたほか、気候関連財務情報開示タスクフォース（TCFD）に関する情報開示も行っている。さらに働き方改革では、ダイバーシティ推進委員会を設置するなどして、職場環境の整

備と従業員エンゲージメントを高める取り組みを急ピッチで推進。昭和、平成、令和の3世代のギャップを埋めるため、社長みずから会社方針を伝えるビデオメッセージの配信も始めた。

　前年度は過去最高水準の受注高を記録する一方で、古参社員が「ここ2年で会社は劇的に変わった」と語るほど、デジタル変革の真っ只中にある新晃工業。快適な空気を届ける社会インフラ企業の使命として、大胆な成長戦略を実行していく。

｜わ｜が｜社｜を｜語｜る｜

代表取締役社長
末永　聡氏

インフラ事業を機軸に社会に貢献

　当社は、長年に渡り空調機を建物に納入するインフラ事業を基軸として社会に貢献して参りました。景気変動に左右されながらも、全社一丸となって安定供給を図り、時には、苦難に直面しながらも成長してきた行動力は、当社の経営理念である「豊かな創造力と誇れる品質」に後押しされています。直面しているコロナ禍や原材料・燃料の高騰、部材不足というリスクの影響

は小さくはありませんが、この行動力を生かし中期経営計画で目指す姿の実現に向け、取り組んで参ります。

会社DATA

所　在　地：本　　社　大阪市北区南森町1丁目4番5号
　　　　　　東京本社　東京都中央区日本橋浜町2丁目57番7号
設　　　立：1950（昭和25）6月16日
代　表　者：末永　聡
資　本　金：58億2,200万円（東証プライム上場）
従 業 員 数：単体：660名（2022年3月31日時点）
事 業 内 容：空調機器の製造、販売、空調工事の請負施工、冷媒自然循環システムの設計・施工・保守管理
U　R　L：www.sinko.co.jp

▲ソマックス株式会社

金型メンテナンスのプロフェッショナル集団
——電解洗浄、超音波洗浄、最適組成のハイテク洗浄液の3本の矢でモノづくりを支える

ここに注目！ 洗浄液と洗浄機の両面で企画、研究、開発、製造を自社で一貫
累計販売実績8000台、大手工場で軒並み採用される圧倒的な洗浄力

関西にある大手電装品メーカーの工場。デジタル化が行き届いた成形ラインには、FAロボットや自動化設備が整然と配置され、広大なフロアで働くスタッフの姿はわずか5–6人。最新鋭のモノづくり現場に圧倒されたソマックス株式会社の向井渉常務は、バックヤードにまわって驚いた。30人近くの作業員が、成形に使う金型のメンテナンス作業に携わっていたからだ。「多くの企業は自動化投資には熱心だが、金型の清掃・保守に対する関心は高くない」（向井常務）。金型メンテナンス技術を磨き続けてきたソマックスにとって、それはさらなる成長を予感させる出来事でもあった。

初年度の販売実績は3台

1991（平成3）年に、溶接機の開発で会社を立ち上げたソマックス。94年には、世界初の電解洗浄と超音波洗浄を併用し、最適組成の専用洗浄液を用いた金型洗浄機を開発、販売した。初年度の販売実績はわずか3台。汚れを落とす液体または有機溶剤をスプレーしブラシで金型を掃除していた現場作業者にとって、「大事な金型を水に浸けるなんて論外」だったからだ。

プラスチック成形の樹脂金型に、金属成形のためのプレス型。カタチあるモノの多くは、金型によって造られる。金型にキズや汚れが付着すれば、型通りのモノが

できないのは明らかで、ましてや錆びやダメージは金型の寿命に直結する。故に手作業で念入りに金型を磨くことになるが、手磨き作業は熟練のスキルとノウハウが必要で、複雑に入り組んだ金型だとブラシが届かないこともある。同社の金型洗浄機を使えば、短時間で根こそぎ汚れが取れて錆びも防げることが理解され始めると、着実に注文は増えていった。今やソマックスの累計販売台数は8,000台以上に及び、金型を使う大手工場の大半に、同社の装置が据え付けられている。

最大の強みは、洗浄液と洗浄機の両方を企画から研究、開発、製造まで自社で一貫していること。開発まで10数年を要した門外不

西館 ショールーム

全自動洗浄機 CP-A3545

本社西館

金型洗浄機クリピカエース
CPV-90-H20L

出のハイテク洗浄液に、多彩な洗浄技術を織り交ぜた独自ノウハウの積み上げが成長力の源泉だ。洗浄力だけでなく金型ダメージに関する豊富な知見を有していることも大きい。金型の品質を維持し、寿命を延ばしてくれる良きパートナーとして、ソマックスの製品＆技術は顧客になくてはならない存在となっている。競合他社が少ないことや、装置販売だけでなく洗浄液の補充も合わせたビジネス形態による高収益、無借金経営も特筆されるところだ。

大型装置を製造できる新工場を建設

「金型を使っている事業所が全国3万社。8,000台では浸透し切れていない」と言う向井常務が目指すのが、知名度アップと商社の活用。これまでユーザーの現場へ赴く直販を軸にしてきたが、今後は代理店を通じた拡販体制を整備する。「大半の現場で残る金型メンテの手作業を減らすためにも、まずは累計1万5,000台を目指す」（向井常務）。新製品開発の手も緩めない。性別を問わず扱えるダイバーシティータイプの装置を商品化したほか、洗浄の後工程を自動化する装置を開発中。さらに総投資12億円を投じて、東大阪市に大型洗浄機の製造などに対応する新工場を建設、2023年5月に完成させる予定だ。

一方、洗浄以外で力を入れているのが、脱炭素やサスティナブルな社会の実現に貢献する取り組み。例えば、これまで顧客側で廃棄してもらうのが基本だった洗浄液を回収し、メンテナンスをするための薬品に代えるリサイクルを始めたほか、新工場には太陽光発電を採用する計画だ。最近は、イラストレーターや動画作成をこなせる社員が活躍し、向井常務は「若い力で発信力を高めている」と嬉しそう。モノづくりになくてはならない金型を守るプロフェッショナルのソマックス。独自の金型メンテナンス技術をさらに広めて、社会に貢献していく方針だ。

| わ | が | 社 | を | 語 | る |

代表取締役
冨田 和巨氏

唯一無二の技術で、お客様の困ったを解決

当社は金型メンテナンスのスペシャリスト集団として、洗浄機や溶接機、消耗品の研究・開発・製造の長年にわたるノウハウや特許などの独自技術を駆使して、世界中のお客様の困りごとを解決しています。これまでに大手企業様を中心とするモノづくり工場で、当社の金型洗浄機が多く採用されていますが、まだまだ手作業が多く、当社が活躍できるフィールドは広く存在しています。ニッチな市場であり競合他社が少ない分、当社にかかる期待は大きく、日本だけでなくグローバルにお客様の課題を解決していく必要があります。ぜひ積極的に課題に取り組み解決していく当社と、一緒に歩みましょう。

お客様の為になるモノを造って販売すること。その為に、一歩先まで考えて創業精神を失わず行動し続けること。これらを大切にできる若い力を希望しています。

会社DATA

所 在 地：大阪市東成区玉津1丁目7番17号
創 立：1991（平成3）年6月26日
代 表 者：冨田 和巨
資 本 金：5,000万円
従 業 員 数：41名（2022年7月時点）
事 業 内 容：各種ペースト溶接機、各種電解・超音波洗浄機、特殊洗浄液及び水性防錆剤
　　　　　　等の研究開発・製造・販売
U R L：https://www.somax.co.jp

▲ 株式会社デンソーテン

移動の価値を創造し続けるモビリティソリューションパートナーへ
——誰もが快適と自由を感じられる笑顔あふれるモビリティ社会の実現を目指す

ここに注目!
時代の変化を先読みする DNA が変革の時代を切り拓く
積極的な働き方改革に見られる多様性重視の経営スタンス

カーナビゲーションやカーオーディオで知られる富士通テンが誕生してから半世紀。車載用通信技術や制御技術を核にカーエレクトロニクスメーカーとして発展を遂げ、クルマ社会における次世代技術「CASE（C＝コネクティッド、A＝自動化、S＝シェアリング、Electric＝電動化）」時代の到来を見据え、2017年にデンソーテンに社名を変更して以降は、新たなモビリティビジネスの開拓を積極化している。

進取の気性に富んだDNA

その一つが人流を予測する技術をベースにしたMaaS（移動のサービス化）ソリューション。2021年秋、Jリーグ・ヴィッセル神戸のホーム8試合で、試合終了後の混雑緩和を目指す実証実験を行った。試合終了後の会場周辺の混雑や電車の待ち時間予測などを帰宅者のスマートフォンに配信する一方、会場内にしばらく待機するとグッズや飲食などが割引きになるクーポンを付与して帰宅時間と場所の分散を促す取り組みだ。この実証実験を可能にしたのが、デンソーテンの人流予測技術。いま、神戸市のスマートシティ推進につなげる技術として注目されている。デンソーテンは神戸市が取組む「KOBEスマートシティ推進コンソーシアム」に参画すると共に、「Be Smart KOBEプロジェクト」の事業実施者となり混雑緩和の仕組みを発展させ、街の周遊性向上に取り組んでいる。デンソーテンの持つ人流予測技術を活用することで三宮・元町・ウォーターフロントでの人の流れを予測し、データ連携基盤や他社サービスと繋ぐことで、市民や観光客の行動変容を促し、周遊の安心安全と消費の活性化の実現を目指す。今年度に実証実験を行う予定だ。

加藤之啓社長は、「時代の変化に合わせて数多くの〝世界初〟を生み出したように、デンソーテンには進取の気性に富んだDNAがある。変革の時代到来はチャンスでもある」と強調する。

こうしたベクトルを明確にしたのが、源流の川西機械製作所から数えて創立100年を機に策定した「VISION2030」。2030年に目指す姿を表したもので、「移動に自由を、人に笑顔を」をスローガンに掲げ、クルマの価値向上と生活の価値向上の両輪で、快適で笑顔あふれるモビリティ社会の実現を目指す。

例えば自動車の電動化では、「素早くフレキシブルに動けるテンの特長を生かす」（加藤社長）ことで、超小型領域の電気自動車（EV）に搭載するVCU（車両統合制御電子機器）を戦略商品に位置付ける。すでにトヨタ自動車の超小型EV「C⁺pod（シーポッド）」で採用さ

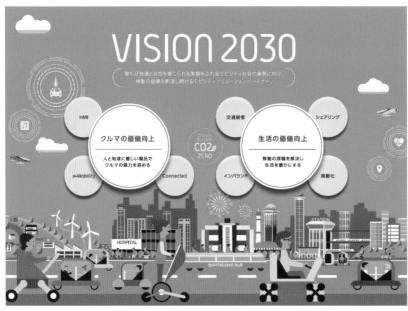

デンソーテングループが2030年に目指す姿

モノづくり

ＩＴ・ソリューション

医薬・化学

商社・サービス

建設・住宅

社会インフラ

DENSO TEN 健康三訓

一．仕事よりも健康優先

二．休むことも仕事の一つ

三．頑張ることは大切、
　　頑張れる体はもっと大切

加藤之啓

社長が自らが推進する健康三訓

多くの女性社員が活躍

子ども参観日の様子

れたほか、今後も数多くの技術への応用を検討している。商品化している充電周りの制御ユニットなどを合わせて、同社ならではの電動化マーケットを構築していく狙いだ。

一方、生活の価値向上は、人が自由で快適に移動できる社会の実現がターゲット。サッカースタジアムの人流抑制の取り組みをはじめ、タクシーの配車システムの実績を生かし、オンデマンドタクシーなどの実証実験を展開。さらにトラックドライバーの長時間労働の負担軽減を目指し、異なる運送事業者間で長距離を中継輸送する実証を行うなど、社会の困りごと解決に一段と貢献できる企業を目指す。

多様性を重視した働き方改革を推進

明確な将来ビジョンに向かって突き進むなかで、最も重要になるのが単体で4,000人近くに及ぶ社員一人ひとりの力。このため多様性を重視した働き方改革を強力に推進している。新型コロナ以前から取り組んでいたテレワークの浸透により、出社比率は約4割。コアタイム制を廃止して都合の良い時間帯での勤務を可能にしたことで、介護を理由に辞める人が減ったほか、残業ゼロを推進し、副業もOKとしている。「外部で働くことも良い経験だし、何より

イノベーションには多様性が不可欠」（加藤社長）と言う。仕事と子育ての両立支援認定の「プラチナくるみん」や女性活躍推進の取組み優良企業認定「えるぼし（三ツ星）」も取得済みで、育児休暇取得率は100%。ワークライフバランスを意識した運営が際立つ。

極めつけは健康経営。健康経営優良法人「ホワイト500」に4年連続で認定されていることだ。トップ自らが「健康三訓」を掲げ、「何よりも健康を第一に考え、健康でなければ良い仕事はできない。また、誰もが自身と家族が幸せになるために働いている。」と熱く語る姿は、社員への想いをにじませている。

| わ | が | 社 | を | 語 | る |

代表取締役社長
加藤 之啓氏

モビリティ社会に必要不可欠な企業を目指す

社名の「テン」は最高・至上の「天」を意味しており、「商売は誠実に」「商品は至高無上のものを作ろう」という想いが込められています。この想いは当社の社是「誠は天の道なり」として受け継がれ、言わば世のため人のための精神であり、現代のSDGsにも通じる当社のDNAです。

これまでカーエレクトロニクスメーカーとして、クルマの価値を高める製品を手掛けてきました。社会が大きく変化している中で、今後は既存事業を発展させつつ、人・モノ・モビリティなど、あらゆる"移動"における困りごとを解決する「モビリティソリューションパートナー」として、未来のモビリティ社会に必要不可欠な企業を目指します。

会社DATA

所　在　地：神戸市兵庫区御所通1丁目2番28号
創　　　立：1972（昭和47）年10月25日
代　表　者：加藤 之啓
資　本　金：53億円
従 業 員 数：単体：3,988名　連結：9,722名（2022年3月末現在）
事 業 内 容：・コネクティッド事業（安全運転管理テレマティックスサービス〈通信型ドライブレコーダー〉、緊急通報システム、タクシー配車システム）・CI事業（ディスプレイオーディオ、カーナビゲーション、CDチューナー、音響システムなど）・AE事業（充電ECU、ハイブリッド制御ECU、バッテリーマネジメントシステム など）
Ｕ　Ｒ　Ｌ：https://www.denso-ten.com/jp

株式会社東研サーモテック

金属熱処理専業のプロフェッショナル集団
——国内トップクラスの規模と実力でモノづくり企業の価値向上をサポート

ここに注目！ 他社を圧倒する熱処理技能士数（特級 120 名、一級 243 名、二級 154 名）
熱処理需要の安定性と次世代 DLC コーティングの将来性

鉄は鉄のままでは使えない。伸びたり、折れたり、へこんだり、あるいは錆びたり、削れたりもする。鉄を鉄として使えるようにしているのが、「焼き入れ」に代表される金属熱処理だ。加熱と冷却を加えることにより、強さや硬さ、粘りのほか、耐衝撃性、耐摩耗性、耐腐食性、被削性などを付与できる。自動車や家電製品、大型建築物などのほか、身の回りの小物部品に至るまで随所に見られる金属は、ほぼ熱処理加工されていると言ってよい。その金属熱処理で国内トップクラスの実力と規模を誇るのが、株式会社東研サーモテックだ。

500名超が国家資格保有者

1909年の創業以来、熱処理専門企業として数々の知見を積み重ね技術を高めてきた。特に熱処理は、見た目ではわからない加工技術のため、顧客が求める強度や硬さを着実に付与する量産品質がカギとなる。同社は最新の検査機器を導入し、量産品でもバラツキなく安定した品質を保つ管理体制を確立。「東研なら安心して任せられる」という顧客の信頼を次々と獲得。自動車部品や機械、電機、建設など名だたる大手メーカーの取引を軸に、着実に成長を遂げてきた。

そんな高度な品質管理を可能にしているのが、専門知識を持つ人材の力。517名もの社員が、国家資格の金属熱処理技能士の資格を有しており、川﨑隆司社長は、「間接部門を含めて、多数の社員が国家資格保有者という会社はめったにない。そんな当社のモノづくりに安心感を持ってもらえるはず」と説明する。資格取得は義務ではないが、「みんなで取ろうという雰囲気。自発的に勉強しようという環境ができあがっている」（川﨑社長）。

現在、国内12工場に、タイ・マレーシア・中国・メキシコの海外拠点を加えて、様々な業種の多様な熱処理ニーズに対応しながら、最近は太陽光発電の導入をはじめカーボンニュートラルの取り組みも積極化しているが、なかでも注力しているのが、ダイヤモンド・ライク・カーボン（DLC）と呼ばれるコーティング技術。ダイヤモンド並みの硬度を持つ薄膜形成技術で、すでに同社の売上の約2割を占め、自動車部品向けを中心に国内トップのDLCコーティングの事業規模を持つ。川﨑

2019年に新設した橋本工場（最新の設備が稼働している）

鋼を加熱と冷却を加えることで硬さが得られ、耐摩耗性や耐疲労性が向上する

先行開発室を設置し、若手を抜擢している

女性エンジニアも活躍中

モノづくり

情報・ソリューション

薬業・化学

商社・サービス

建設・住設

社会インフラ

社長は、「硬いだけでなく、滑る、電気を通す、人体に影響がない、錆びないといった特性は、自動車以外の用途でも大きな可能性がある」として、2年前に立ち上げた「先行開発室」を軸にして、10年後にDLC関連の売上倍増を目指している。

平均年齢37.7歳の若さで未来を切り開く

特筆すべきは、同社の将来を担う先行開発室のトップに30代の若手エンジニアを抜擢し、20代の社員2名を配属させたこと。

「50代60代の社員では10年後の仕事に責任を持ってやりきれない」(川嵜社長)。平均年齢37.7歳という若い力が、同社のポテンシャルの高さを物語る。「鉄がある限り、我々の熱処理の仕事はなくならない。だが時代に合わせて変化を遂げていくことが不可欠。そのためにも多様な人材を獲得していく」と強調する。

毎年、高卒、大卒の新卒者を採用しているが、海外勤務や国内転勤の有無によって3つのコースを用意し、働き方を選べる制度を設けている。同じ勤務地でコツコツやるコースやグローバルにバリバリやりたい人向けのコースなど。「人生の中で働き方や考え方は変わるもの」(川嵜社長)として、毎年2月にコースの確認を行っており、昨年も50名以上がコース変更をしている。創業110年の歴史を持ちながら、若い社員の成長をテコに熱処理のプロフェッショナルを極め続ける東研サーモテック。同社の力が一段と期待される時代を迎えようとしている。

| わ | が | 社 | を | 語 | る |

代表取締役社長
川嵜 隆司氏

プライドを持ってモノづくりを支えていく

鉄のある所には必ず熱処理があると言われます。至る所に鉄が使われる現代社会において、熱処理はなくてはならない技術です。金属熱処理専門企業の草分けとしてスタートした当社は、常に新たな技術の開発導入に努め、国内最多の熱処理技能士を擁する熱処理専門のプロ集団として知られるまでになりました。当社が提供するのは、特定の商品ではなく技術力。お客様から預かった製品の性能や価値を高め、見た目からはわからない部分でお客様をサポートするのが私たちの使命です。今後も知識・技術・情熱を結集し、熱処理を通じて社会に貢献できるよう、プライドを持ってモノづくりを支えてまいります。

会社DATA

所 在 地：大阪府寝屋川市中木田町13-2
創　　業：1909(明治42)年
設　　立：1939(昭和14)年8月
代 表 者：川嵜 隆司
資 本 金：8,800万円
従業員数：正社員：690名　準社員：151名(2022年3月21日現在)
事業内容：【金属熱処理加工】ガス浸炭、ガス浸炭窒化、ガス軟窒化、無酸化焼入れ、真空熱処理、オーステンパー【薄膜形成処理】PVD、DLC、VC処理【熱処理設備の仕様・製作に関するコンサルティング業務】
Ｕ Ｒ Ｌ：https://tohkenthermo.co.jp

▲特殊発條興業株式会社

超微細プレス量産技術が生み出す〝摩擦マジック〟で変革に挑む
——成長製品のクラッチプレートで飛躍を目指すワッシャーのトップメーカー

ここに注目！ 自動車用ワッシャーで圧倒的なシェアを持つ盤石の事業基盤
世界的ばねメーカーのニッパツ傘下と独自プレス技術がもたらす将来性

座金（ワッシャー）で断トツのシェアを持ちながら、「ワッシャーの会社とはあまり言いたくない」と語るのは、特殊発條興業（トクハツ）株式会社の小田切仁社長だ。主力の座金の生産規模は、自動車向けを中心に年間約50億個。自動車、自動車部品メーカーのほか、電機、建機メーカーなど幅広い取引先を持ち、長年にわたり国内トップの座にあるものの、「エンジンは小型化し、ワッシャーを使わない設計も広がっている。自動車の電動化の影響もあり、減少基調は免れない」（小田切社長）と見る。2006年に、日本発条（ニッパツ）の100％子会社になったトクハツ

は、座金以外の製品開発を追求してきた。そして国内外のメーカーから注目され、今後の同社の中核になると見られるのが、ミクロン単位の溝や凹凸を施したクラッチプレートだ。

ミクロンレベルの溝をプレスで量産

簡潔に言えば、摩擦材のいらないクラッチ。表面に超微細な溝を付けることで、摩擦特性の安定性や耐久性を大幅に向上させることができる。切削加工ではなくプレス成形による量産を実現したのがポイントで、小田切社長は、「幅も深さもミクロン単位の超微細な溝だから、通常の金型では量産は

難しい。常識外の発想と泥臭い苦労の末に量産に耐える金型ができた。座金を中心に長年プレスを手掛けてきた当社だから成し得た量産技術」と、胸を張る。

すでに国内完成車メーカーのパートタイム4WDセンターデフカップリングで採用されているほか、最近はジャトコの湿式クラッチでも検討され話題を呼んだ。「今後は電気自動車（EV）の電動アクスルなどでの需要も見込まれる。」（小田切社長）として、超微細プレスによるプレート製品の需要開拓を積極化していく方針だ。

既存事業を中心とする構造改革も急ピッチ。2009年に尼崎工場の全機能を伊丹工場に集約したほ

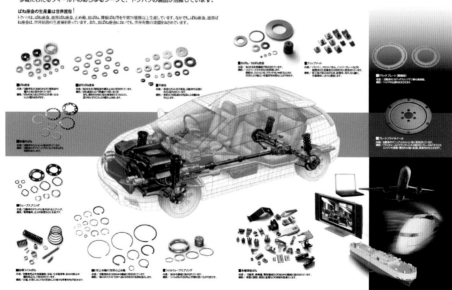

「活」さまざまな産業のあらゆるシーンでトクハツの製品が活躍しています。
多岐にわたるフィールドのあらゆるシーンで、トクハツの製品が活躍しています。

様々なフィールドで活躍するトクハツの製品

本社・伊丹工場は毎年構内「桜が満開」

国内２工場目となる三田工場。スプリングワッシャーと精密プレス品の生産拠点

モノづくり

ＩＴ・ソリューション

医薬・化学

商社・サービス

建設・住設

社会インフラ

か、2013年には新鋭の三田工場を建設。これを機に中国シフトしていたSWの生産を三田工場に9割方戻し、リードタイム削減による圧倒的な効率生産を実現した。トヨタ生産システム（TPS）の手法を取り入れ、在庫をほぼなくす一方、中国の10分の1のスペース、4分の1の人員で対応できるようにした。小田切社長は、「今後もTPSを広げつつ、AI・デジタルを活用し、超微細プレス製品に注力していけば、トクハツの新たな姿が見えてくる」と強調。2025年に売上高合計100億円（2021年度実績約70億円）、利益率8％を目指すとともに、創業100周年にあたる2038年で売上規模250億円を掲げる。

増える若手社員、世代交代の節目迎える

自己資本比率70％台。長く無借金経営を続け、財務の健全性は折り紙つき。ニッパツの傘下になってからは、大卒社員を積極的に採用してきた結果、最近は30歳台半ばより下の若手社員が増えている。「今が世代交代の節目で、若い人でも自分の意見を主張できるようになってきた」（小田切社長）。一方で、技能者の経験ノウハウをいかに承継していくか、あるいは変化の早いモノづくりのデジタル化にどう対応するかなど、課題は山積している。「そのためにも若い人の力の発揮が不可欠となる。ニッパツの教育システムを活用しながら人材育成にも努め、新たなトクハツを導く」と言う。

「弾力に富み強靭で…虚飾がなく…平然と耐える。私たちも（そんな）ばねのようでありたい」。トクハツの心を説いた作者不詳の「ばね断章」の一節だ。社員が朝礼で唱和するという言葉には、社会を支える縁の下の役割に徹したプライドがにじみ出る。トクハツは、華美ではないが、これからも社会の頼れる存在であり続ける。

|わ|が|社|を|語|る|

代表取締役社長
小田切 仁氏

ぶれることなくスリムで強靭な体質を目指す

開発から量産まで一貫して行える総合力を強みに、顧客ニーズに合わせた座金や薄板ばねなどの精密金属部品を製造・販売し、国内外のお客様から高い評価をいただいてきました。自動車業界が100年に一度の大変革の時代と言われる中、当社は100周年に向けて、ぶれることなく、更に無駄のない『スリムで強靭な体質』を目指し、国内2か所の生産拠点で本格的にTPSにチャレンジしています。さらに当社の独自技術である『プレスで加工する超微細溝』の本格的な量産ラインを稼働させ、クラッチプレートなどの成長製品の新需要開拓を積極化していく方針です。『ニーズをカタチに！』をモットーに、価値ある製品づくりに邁進し、豊かな社会づくり・地域づくりに貢献してまいります。

会社DATA	
所 在 地	兵庫県伊丹市北河原1丁目1番1号
創　　立	1938年（昭和13）年6月
代 表 者	小田切 仁
資 本 金	1億5,000万円
従業員数	194名（2022年6月時点）
事業内容	薄板ばね、座金、機能用ばね等の製造販売
Ｕ　Ｒ　Ｌ	http://www.tokuhatsu.co.jp

▲株式会社トリーエンジニアリング

独創力と応用力を駆使する空圧関連装置開発の魔術師
——オーダーメイド型装置開発から電力削減に貢献するツール製品で成長へ

ここに注目！ 大手工場で続々採用され始めた新商品エアノズルのポテンシャル
高度メカトロニクス技術が生み出す多方面の課題解決事例

世界的なカーボンニュートラル（CN）の取り組みが加速するなか、国内の大手企業の工場で採用が広がっている製品がある。エアコンプレッサーの使用量を大幅に削減できるエアノズルだ。多くの工場では、機械やモノを動かしたり、水滴やホコリを吹き飛ばしたりするのに大量のエアを使用しているが、エアの吐出し形状や流量を最適化することで、エアの使用量を最大5分の1にまで低減。コンプレッサーにかかる電気代を大幅に削減できる。このエアノズルを開発、販売するのは、空圧技術を駆使して40年にわたり各種産業メーカーの課題解決に貢献してきた株式会社トリーエンジニアリングだ。

「従来とは異なる省エネ意識の高さを感じる。特に大手企業はCNの達成に必死。電力使用量削減のターゲットの一つがコンプレッサーになっている」と説明するのは、2代目社長の古堤裕行氏。もともとは飲料メーカーの製造工場向けに、水滴除去を目的として専用開発したノズルだったが、2021年4月に省エネエアノズル「Hayate」の名前で商品化。最近は大手飲料メーカーの全工場に採用されたほか、食品・飲料だけでなく完成車メーカーや化粧品、製薬会社など、多様な業種から引き合いが急増している。

エネルギーコストを89%削減も

構造は至ってシンプルだ。必要な部分にだけピンポイントでエアを噴射できるよう、ノズルに工夫を凝らしてある。ガイドに沿ってエアを吐出すタイプのほか、薄板状や扇状、あるいは円錐上に吐出すタイプなど、噴射長や噴射量を含めて多彩なバリエーションを用意。コンプレッサーの運転を抑えることにつながり、電力使用量を削減できる。「ある工場では従来使用されていたエアノズルから台数削減につなげて、エネルギーコストを89%削減できたケースもある」（古堤社長）と言うから、エアを大量に使っている現場での効果は絶大だ。

発案から完成するまでは、試行錯誤の連続で特許も取得しているが、決して最新の技術が盛り込まれているわけではない。古堤社長は、「AIやデジタルも大事だが、当たり前の手法や技術のなかに問題解決のヒントが隠れている。自分は課題となっている現場の事象をひたすら観察するだけ」と強調、ここに同社の強みがあることをにじませる。先達らが築き上げ

水滴・異物を飛ばす!!
エアーノズル Hayate

水滴・ホコリ・塵など異物の残存率を大幅に低減!!
省エネ・SDGs・CO₂削減・節電の対策に!!

水滴・異物を飛ばす!! エアノズルHayateシリーズ

優れた技術が認められ、ひょうごNO.1ものづくり大賞を受賞

HayateシリーズType-F　薄板状のエアを吐出（吐出幅も選べる）

HayateシリーズType-G　ガイド一体型、ガイドに沿ったエアを吐出

HayateシリーズType-S　薄板状のエアを吐出

モノづくり

ナ・ソリューション

医薬・化学

商社・サービス

建設・住設

社会インフラ

た数々のメカトロ技術のひきだしの中から、理にかなった最適な機構や仕組みを構想し、設計し、実行していくやり方だ。

アームロボット開発で
新エネルギー探索に貢献

　例えば、10数年前にモックアップで生産した地中探査用のカメラ搭載アームロボット。「地中深くでも、手首が自由に動き360度捻転できるアームロボットが欲しい」という大手プラントメーカーのアバウトな要求に見事応え

た。やがてそれは新エネルギー探索用のロボットアームに結実した。

　あるいは短期間で開発したコンテナダンプ排出装置。2011年の東日本大震災直後、火力発電燃料のタイヤチップを貨物船で全国各地に回送する業務が急拡大した。同社はダンプのようにコンテナの片方を吊り上げて落とし込む機構を考案。瞬く間に製品化して積み込み作業を効率化することで、電力の安定供給に貢献した。

　まさに常識にとらわれない豊か

な発想と構想力で、様々な現場の課題を解決してきたのがトリーエンジニアリング。これまでオーダーメイドの一品生産を主体にしてきたが、Hayateの受注好調で成長戦略は広がりを見せている。2022年2月には、「ひょうごNo.1ものづくり大賞」で最優秀賞を受賞し、「今後はHayateに次ぐ新たな商品の開発を目指す」（古堤社長）としている。次はどんな製品を生み出すのか、トリーエンジニアリングから益々目が離せない。

｜わ｜が｜社｜を｜語｜る｜

代表取締役
古堤 裕行氏

予想を上回るモノづくりを目指す

　祖父の時代の紡績機器製造会社"堤精機製作所"から始まり、現会長が起業したトリーエンジニアリングの現在まで80年超。空圧技術の活用を強みに、数々の新しい機器を開発してきました。当たり前の技術を見逃さず、お客様の現場を見つめ、お客様の話に耳を傾け、アタマの中で思い描くこと。そんな行為の繰り返しを通じて、問題解決のヒントを導き、製品化していく

のが当社のスタイル。なかでもエアノズル「Hayate」は、サスティナブルな社会の実現に貢献する製品として、いま注目されています。失われつつある日本のモノづくりを守るためにも、発想力と応用力を駆使して、役に立てるモノづくり、新たな「あたりまえ」となるモノづくり、予想を上回るモノづくりを目指してまいります。

会社DATA

所 在 地：兵庫県西宮市鳴尾浜1-6-44
創　　立：1986（昭和61）年5月
代 表 者：古堤 裕行
資 本 金：1,000万円
従業員数：6名（2022年7月時点）
事業内容：Hayateシリーズ製造販売FAシステム事業：エア（空圧応用）メカトロ装置、ワークローダーアンローダーシステム、ワークの画像処理検査装置、製造ラインの水切り及びエア乾燥装置、包装フィルムの自動穴抜き熱シール装置、エアチューブコイリング巻き装置、エア搬送及び集塵設備、コンベア自動搬送ライン等　リサイクルシステム事業：製品開発及び各種産業機器開発製造、各種工事、機械・設備耐震補強工事
Ｕ Ｒ Ｌ：https://e-torry.com

▲株式会社ニシムラ

革新とアイデアで躍進する住宅室内用蝶番のトップシェアメーカー
──ドアの開閉で工夫と改善を重ね、快適な住空間に貢献

ここに注目！ ドライバー1本で調整可能な蝶番で住宅の工業化に貢献
斬新なアイデアと真摯なモノづくりでグッドデザイン賞受賞

「戦後から高度成長期を経て、住まいのあり方は大きく変化してきた。ドアの開閉という分野において常に需要に応える新しいアイデアを形にし、より心地よいくらしに貢献することが私たちの使命」。そう話すのは、玄関のドアや室内の扉など、住宅のあらゆる場所で使用される建築金具の蝶番メーカー、株式会社ニシムラの西村成広社長だ。1935（昭和10）年、西村社長の祖父である末吉氏が大阪市内で蝶番の製造を始めたのが始まり。蝶番は軸芯を中心に左右対称の「羽根」と呼ばれる金属の板がついたシンプルな製品ながら、ニシムラは常に変化するニーズに応えるべく改善を重ね、これまでになかったアイデアを生み出し、現在では住宅室内用蝶番で7割を超えるシェアを誇るトップメーカーに躍進した。

転機となったのは、ニシムラの主力商品である3次元調整蝶番の開発。同社が創業した戦前の日本の住宅では、部屋の仕切りは襖が主で蝶番は神社など特別な建物の門扉や家具などに使われていた。戦後の高度経済成長とともに住宅が洋式化していく中、襖はドアへと変わっていく。その後、職人が現場でカンナやノミで削って立て付けを調整していた建具などは、工場内で大量生産され、建築現場では取り付け作業のみを行うなど住宅は工業化していった。

木製のドアはどうしても湿度の影響で伸縮し、反り返りが起こる。工場で生産される均一な製品では現場で調整することが難しく、また木目シートが主流となってからは削ることで木目が消えてしまうという課題がある。このためニシムラは、ドライバーひとつで誰でも簡単に上下左右前後に調整できる3次元調整蝶番を開発、住宅の工業化に貢献することに成功した。3次元調整蝶番は住宅メーカーやドアメーカーに軒並み採用され、ニシムラの名を業界に広めるきっかけにもなった。

多品種少量生産の現場改革

同社のものづくりも変化した。それまでの大量生産方式から各メーカーの規格に合わせた多品種少量生産にシフト。工場内に張り巡らされたコンベアは姿を消し、

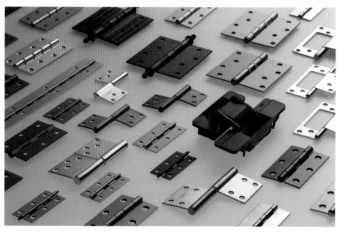
年間3,000品種、1,200万枚の蝶番を生産

ドア開閉のプロとして顧客への提案を行っている

八尾市千塚の本社及び工場

社員一同調和し、日々進歩している

セル生産方式のレイアウトが出現した。「大きな経営判断だったが、当時、大量生産型の製品のほとんどは海外に出てしまい、コスト競争では勝てないのは明らかだった。やり方を変えなければいけない時を迎えていた」と、西村社長は大胆な現場改革を断行した当時を振り返る。

求められる品質で求められる量を効率的に生産する。そのためには変化を厭わない柔軟な姿勢がニシムラの強みでもある。その精神は創業初期から引き継がれた同社のDNA。たとえば創業当時、手作業で蝶番を製造していた従業員のケガを防ぐため、より安全に精度の高い蝶番を大量生産できる自動生産装置の開発にいち早く乗り出した。また2017年には、これまでになかった扉から飛び出し部のない形状の「フラット蝶番」を開発し、蝶番として初めてのグッドデザイン賞を受賞。2021年の東京五輪では選手村の室内用扉に蝶番を始め、各種金物が採用されている。

創業100年に向け 蝶番以外の建築金物も

ニシムラで新しいアイデアや製品が生まれる背景には、柔軟な経営姿勢だけではなく風通しのいい組織文化がある。工場内には社員が課題やその改善策を書きこめるホワイトボードがあり、常に現場の声が発信できるほか、社長を含む全社員の前で問題点の抽出、改善案、成果までの実績を発表する機会が用意されている。社員が常に前向きにものづくりに取り組める環境がニシムラの開発力の源になっている。

「蝶番では大きなシェアを獲得することができた。今後は創業100年に向けて、蝶番以外の建築金物にも力を入れていきたい。若い人の新しい発想にも期待している」と、西村社長。会社創業から80年が経った今も進化を止めないニシムラが、今後建築金物にどのような革命を起こすのか楽しみだ。

|わ|が|社|を|語|る|

代表取締役社長
西村 成広氏

世の中を驚かせる革命的なアイテムを生み出す

ここ数十年で人々のライフスタイルは大きく変わり、住まいのあり方も変化しました。私たちの共通意識は「開閉という分野において、人々の生活をより心地よくする」ということです。社員全員が同じゴールに向かって、日々ものづくりに向き合うことで、新たなアイデアを生み出し、住宅用蝶番においてはトップシェアを獲得することができました。その背景にあるのは、社員が意欲を持って仕事に取り組み意見を発信しやすい風土と、技術を研磨する教育制度、そして社員食堂の充実にいたるまで働く環境づくりへの取り組みだと自負しています。今後も世の中を驚かせる革新的なアイテムを生み出していくつもりです。

会社DATA

所　在　地：大阪府八尾市千塚2-162
設　　　立：1950（昭和25）年1月
代　表　者：代表取締役社長　西村 成広
資　本　金：3,240万円
従業員数：107名（2022年8月現在）
事業内容：ドア用蝶番、ドア関連商品の企画製造販売
Ｕ　Ｒ　Ｌ：https://www.nishimura-arch.co.jp/

モノづくり

ITソリューション

医薬・化学

運輸・サービス

建設・住設

社会インフラ

兵神装備株式会社

一軸偏心ねじポンプの国内トップメーカー
——さまざまな流体の高精度移送で産業界に貢献

ここに注目！ 会社の代名詞である「モーノポンプ」「モーノディスペンサー」など製品納入先は 4,700 社
お客さま満足度向上と社員の幸福度追求の両方に積極的に取り組む

兵神装備株式会社は、一軸偏心ねじポンプのトップメーカーであり、主力製品であるモーノポンプは、さまざまな流体を極めて低い脈動率で高精度に移送することで国内外の産業界の課題を解決する。さまざまな流体とは、水のようにさらさらな流体から接着剤やハチミツのようなどろっとした流体までという液の粘度だけでなく、砂や金属粒子などの固形成分を含む流体、気泡を含む流体、潰れやすいイクラやポテトサラダ、剪断を受けると変質してしまう液、取り扱いに注意を要する化学物質、カーボンや消石灰などの粉体など、液の種類・形状まで幅広い。それだけに、「モーノポンプ」の産業界での知名度は高く、製造現場には不可欠な存在となっている。

ユーザーである納入先企業の実情に合わせて仕様を選定し、狙い通りの性能を発揮させる加工技術と生産技術は、モーノポンプ一筋に取り組んできた同社の大きな強みだ。納入業種は医療関連等の一部を除き、ほぼすべての実績がある。「モーノポンプ一筋で事業を展開していく会社方針は揺るぎないものであり、事業の密度が違う。いわば、錐（きり）のように鋭く、深く追い求めていく姿勢がある」と 2021 年 1 月に就任した 3 代目の市田邦洋社長は強調する。

カタログ販売が難しく、求められるカスタム対応力

多種多様な流体を移送するだけに、製品も多種多様。カタログ販売ができない。そこではユーザーの課題に対応できるノウハウが重要であり、提案力なしにユーザーを満足させることはできない。それだけに、営業担当者とエンジニアが、ユーザーからの相談案件などのニーズを汲み取り、新しい用途や新たな提案を繰り出す。モノづくりの拠点は滋賀県長浜市の工場。研究開発も同じ敷地内で行う。滋賀では約 300 人がモノづくりに携わる。

「モーノポンプ」や、2 代目社長の小野純夫氏が発案した微少量・高精度移送を得意とする「モーノディスペンサー」などの製品納入先は 4,700 社に上る。工場排水や下水処理の現場では、中には 20 年以上、同一製品を使用しているユーザーも存在し、適切なメンテナンスを提供することが求められる。部品の供給も大事な役目であり、オーバーホール（分解清掃）の提案のほか、製品寿命が長くなるような使用方法のアドバイスも大切になってくる。「汎用品の提供ではなく、ユーザーの困り事を解決する姿勢でユーザーとの接点を通じてどれだけ満足度を向上させられるかということを追い続けたい」と市田社長。

働きやすい環境づくりで社員の幸福度を追求

ユーザー企業の満足度を向上させるには、これを実現する社員の

滋賀事業所（長浜市）の全景

作業ルーム（左側）が設置された製品組立工場

自動車業界などで活躍するモーノディスペンサー

モノづくり

ＩＴ・ソリューション

医薬・化学

商社・サービス

建設・住設

社会インフラ

幸福度向上も大事だ。早い段階から大企業並みの福利厚生制度や柔軟な働き方を実現する就業制度を導入している。最近では、従業員の健康管理を経営的な視点で考え、戦略的に取り組んでいる法人である「健康経営優良法人」にも認定された。新型コロナウイルスが猛威を振るう中では、全社員へのPCR検査を毎週実施し、クラスター発生などで顧客へ迷惑を掛けないことを第一に、社員とその家族、顧客の安全・安心にも積極的に取り組んだ。季節の寒暖差が大きい滋賀の工場では冷暖房にも工夫を凝らしている。こうした取り組みの背景には、社員を大切にする創業者からの経営の考え方とともに、長期のユーザーの存在による収益基盤の確立がある。

元々同社の事業は国内が中心。韓国と台湾に拠点があるが、海外で使われる製品が増加しており、今後さらに海外比率が高まることを視野に、駐在してお客さまの現場を回れるような海外での販売・サービス体制の構築を目指している。また、製品納入後は、独自のアプリケーションソフトウエアによって、既存製品の価値を上げることにも取り組む。ユーザーの満足度向上への動きはさらに深化していく。

｜わ｜が｜社｜を｜語｜る｜

代表取締役社長
市田 邦洋 氏

社員を大切にする経営

当社は設立当初、家族規模からスタートしているだけに、社員を大切にしたいという経営の考え方が定着しています。福利厚生はもちろん充実し、オフィス内での昇降式デスク設置や、工場内にもう一つハウスをつくり地下水を利用してファンコイルで冷暖房をしたり、コロナ禍の前から在宅勤務を導入したりと、働きやすい環境づくりに取り組んでいます。モーノポンプな

どはノウハウがカギとなるカスタム対応製品ばかりです。ユーザーに満足を届けるには、営業も技術も製造も大事であり、教育・研修にも力を注いでいます。全国で働く営業担当者、滋賀の製造と研究開発部門ともに各地から採用を続けています。組み立て部門では女性比率が4割に上ります。皆様とともに産業界の発展に引き続き貢献することを強く願っています。

会社DATA

所 在 地	神戸市兵庫区御崎本町１−１−54
設 立	1968（昭和43）年１月
代 表 者	市田 邦洋
資 本 金	9,950万円
売 上 高	158億6,000万円（2021年12月期）
従 業 員 数	457名（連結、2022年１月現在）
事 業 内 容	産業用ポンプ（モーノポンプ）及び周辺機器の製造販売
Ｕ Ｒ Ｌ	https://www.heishin.jp/

▲フィガロ技研株式会社

世界有数の生産販売数を誇るガスセンサーの専業メーカー
――ガスセンシング技術を通じて、世界の人々の安全、安心、快適な生活を実現

ここに注目！ 〝何でも屋のフィガロ〟にも似たベンチャー発祥の技術力＆機動力
海外売上比率7割、欧米、アジアを軸にした高いグローバル供給力

年間の販売数は3,000万個を超える。創業から半世紀、これまで国内外に4億個以上のガスセンサーを供給してきたフィガロ技研株式会社は、世界の人々に安全、安心、快適な暮らしを届けている世界有数のガスセンサー専業メーカーである。1969（昭和44）年、世界で初めて半導体式ガスセンサーの量産化に成功した同社は、一般家庭やビル、マンション等に取り付けるガス警報器用のガスセンサーの製造販売で成長。さらに米国では一酸化炭素（CO）中毒を防ぐためのCOセンサーをいち早く販売するなど、国内外で揺るぎないポジションを獲得している。

強みは開発から製造までの幅広い技術力

ガス警報器のほか、空気清浄機などの家電や自動車を含めた多くの製品に搭載されているガスセンサー。その市場に魅力を感じてこれまで多くの大手電機メーカーが市場への参入を試みたが、成功した事例はない。宇高利浩社長は、「ガスセンサーは特殊な電子デバイス。化学反応を電気信号に変換する制御は見た目以上に難しい。さらにメーカーの様々な要求に対応しながら大量販売する民生品ビジネスは、QCDの難しいバランスが求められる」という。開発力だけではなく、営業、開発、製造、と品質保証の4部門が連携し、開発から納入に至る柔軟な態勢を築いて安定的に大量の生産・販売を行えることが顧客からの信頼につながっている。ベンチャー発祥ならではの機動的な動きが同社の強みだ。

現在売上の7割を占める海外事業の成功も、まさにフィガロの特徴。ロッシーニの歌劇「セビリアの理髪師」の主人公である〝何でも屋のフィガロ〟にあやかり、何にでも挑戦するバイタリティにあふれる会社を目指して、社名に「フィガロ」を冠した創業者。日本市場の成功に飽き足らず、1980年代には欧州主要各国の現地商社を代理店として販売網を築く一方、83年に北米事務所を開設。米国でのCO中毒の社会問題化に伴うCOセンサーの需要をいち早く察知し、迅速な製品供給を

世界で活躍する各種ガスセンサー

東館建屋外観

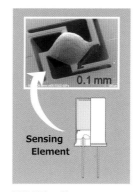

0.1 mm

Sensing
Element

MEMSセンサー

社内の会議風景

モノづくり

リーダーイノベーション

医薬・化学

商社・サービス

建設・住設

社会インフラ

テコに北米ビジネスの拡大を導いた。現在、同社の地区別売上比率のうち、日本と中国を抑えて北米が約40％でトップとなっており、米国COセンサーの成功は、2020年の経済産業省の「グローバルニッチトップ企業100選」の受賞につながっている。

1986年の徳山曹達（現・トクヤマ）との資本提携を経て、2016年から新コスモス電機の傘下となったフィガロ技研。「3社の文化を融合しながらも、バイタリティにあふれるフィガロの精神は受け継がれている」（宇高社長）と言う。例えば、2030年を最終年度とする中長期計画

「FGD2030」。グループ会社や社会、社員とともに3つのハーモニーを奏でながら成長していく姿を掲げる一方、既存事業の倍増と新規事業の創出で売上高3倍増を目指す野心的な取り組みだ。すでに社長直轄による新規事業推進室を設立し、DX推進とともに次世代のフィガロ技研づくりに挑戦していく。

語学教育をはじめとした独自の教育体制

社内改革も急ピッチ。外国人の採用を積極化するとともに、受講を希望する社員を対象にした全額会社負担の英語、中国語研修など

を通じて、グローバル化を強化していく一方、自己啓発のために資格を取る社員を応援する補助制度などを整備。2021年からは、Off-JTの一環として社員の書籍購入や映画視聴などに年間最大5万円を支給する制度を新設。「業務にかかわらなくても、学習の機会を拡充してほしい」（宇高社長）と言う。〝リケジョ〟をはじめ女性比率が高く、産休、育休取得者も多いなど、女性が活躍しやすい環境にもある。チャレンジ精神だけでなく、認め合う社風がフィガロ技研には根付いていると言えそうだ。

| わ | が | 社 | を | 語 | る |

代表取締役社長
宇高 利浩氏

「そうだ、フィガロに訊いてみよう！」を合言葉に

当社は創業以来、ガスセンサービジネスにおけるリーディングカンパニーとして、常に技術革新と市場創出を探求し続けてきました。IoTやAIの進化に伴い新たな産業革命が進行する中、センサーが果たす役割は増々重要になっています。世界中のお客様からガスセンサー・ガスセンシングのことなら『そうだ、フィガロに訊いてみよう！』と言ってもらえるような会社になることが全社員の目標です。

我々は現状に甘んじることなく、フィガロの原点である自由闊達な風土が育むバイタリティとチャレンジ精神をもって、2030年に向けた3つの長期ビジョン「働くことと生きがいのハーモニー」「事業活動と社会とのハーモニー」「グループ会社とのハーモニー」を奏でながら成長して行きます。

会社 DATA

所　在　地：大阪府箕面市船場西1丁目5番11号
設　　　立：1969（昭和44）年10月18日
代　表　者：宇高 利浩
資　本　金：9,900万円
従 業 員 数：220名（2022年3月時点）
事 業 内 容：・ガスセンサーの研究開発および製造販売
　　　　　　・ガスセンサーの応用商品の開発および製造販売
U　R　L：https://www.figaro.co.jp

▲福田金属箔粉工業株式会社

金属粉・金属箔の専門技術をベースに新素材・新用途を開発
—— 東京支店は再生可能電力100％運用、京都工場を順次建て替えへ

ここに注目！ 創業320年超。金属粉1000品種以上をそろえ2021年売り上げ675億円
粉末冶金材料で金属ロス削減、リサイクル金属利用で金属資源循環に貢献

福田金属箔粉工業株式会社は金属粉・金属箔の専門技術をベースに、印刷用顔料などの装飾用途から、高速伝送性・耐屈曲性を兼ね備えた金属箔、ナノ（10億分の1メートル）粒子、3D（3次元）プリンタ用の金属粉などの先端素材まで、時代の要請に応える様々な素材・用途を開発し、幅広い産業分野に提供している。歴史は古く、1700年（元禄13年）に福田鞭石（べんせき）が京都の松原通室町で、金銀の箔や粉を扱う「井筒屋」を創業。2代当主の福田練石（れんせき）が、堅実経営と企業の社会性重視を柱とする家憲「家の苗」を記し、以来この理念を継承している。ニーズから発想し、シーズから創造するメタルスタイリストFUKUDAとして「箔」と「粉」の可能性を探求し続けている。

箔と粉の融合による
事業拡大を模索し、
研究開発を進める

福田金属箔粉工業の売上高は675億7000万円（2021年12月期）で、金属粉・金属箔業界において福田金属に相談すれば何とかしてくれる、デパートのような存在、となることを目指している。売上高の内訳は金属粉が61％、電解箔が28％、アルミ箔・その他が11％。このうちアトマイズ法、電解法、化学還元法、粉砕法を中心に多様な製造方法を有し、1000種類以上を提供している。滋賀工場（東近江市）には大小様々な溶解炉があり、世界トップレベルの生産量を誇る。

園田修三社長は「多様な製造技術を持っていることで、顧客に最適な提案ができる。それが強み」と総合力を強調する。同社が製造する金属粉の主要な用途の一つに、粉末冶金がある。「当社が提供する金属粉を、顧客はプレス成型の後、加熱・焼結させる。粉末冶金は、鋳造（鋳物）や切削加工（削り出し）といった方法よりも材料ロスが少なく、複雑形状の金属部品でも大量に生産できる」（園田社長）として、機械部品分野に広く普及しており、技術の進歩に伴い品質への要求が多様化する中、同社は幅広い製法・ラインナップでそれに応えている。近年は環境負荷の低減も重要な課題だが、プリント配線板に使われる同社の電解銅箔の原材料は、100％がリサイクル品であるなど、金属資源の循環利用にも貢献している。

同社は、ひたすら金属粉、金属箔に特化して事業を行ってきた。

金属粉・金属箔の新たな可能性を求めて研究開発をすすめる

電子部品、包装材料、建築材料に使われている金属箔

200μm
銅粉（金属3Dプリンタ用）

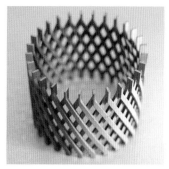
銅粉を用いた3Dプリンタ造形例

園田社長は「お客様の分野には手を出さず、製造・販売・技術一体でお客様の困りごとの相談に応じることを通じて、事業を成長させてきた」と振り返る。

現在は「箔と粉の融合による事業拡大を模索し、研究開発を進めている」（同）。金属粉・金属箔事業は、両者の融合により一層進化を続ける。

働きやすさを追求し
実働7時間15分、
育休は男性にも取得を推進

福田金属箔粉工業は現在、1908年（明治41年）の開設以降、事業の発展に伴って拡張させてきた京都工場の順次建て替えを計画しており、近隣に新たに取得した用地の造成工事に着手した。京都工場は2007年にコージェネレーションシステム（熱電併給）を更新しており、今では更新前に比べ燃料使用量を21％削減、CO_2排出量を年3600トン削減したほか、排水の65％をリサイクル、生産工程から生じる各種集荷物のリユース・リサイクルを実現している。建屋更新に関して、すでに東京支店（東京都中央区日本橋）はビル所有者のうちの1社として2021年12月に建て替えを完了、12階に入居して「再生可能電力100％で運用している」（園田社長）。滋賀工場や中国の子会社（江蘇省蘇州市）を含め、未来を見据えて拠点整備を進めている。

歴史ある同社だが、実働時間が7時間15分（拘束時間8時間15分）、有休消化率50％以上、平均残業時間が月20時間以内と、働きやすい会社だ。園田社長も「働きやすくするための改革を行っている」。

今後について園田社長は「違った金属、材料が出てくれば科学や技術は飛躍的に進歩する。周辺技術とともに変わるし、分析技術による革新もある。これからも伸びる余地はある」と見通している。

|わ|が|社|を|語|る|

代表取締役社長
園田 修三氏

目指すのは強い会社。失敗を恐れずチャレンジ

人は宝です。人を大事にして業績を伸ばします。福田金属箔粉工業は、そうやって322年続いてきました。社是は「われわれはつねに創意工夫をこらして仕事の改善をはかりわれわれの生活の向上とよりよい社会の建設につとめよう」です。諸先輩が、この社是を実行してきました。「失敗を恐れず、チャレンジしよう」と呼びかけています。

目指しているのは大きな会社ではなく、強い会社です。小さくても「ここにFUKUDAあり」と言われるように、身のほどをわきまえ、地道にやっていきたいと思っています。これからも金属粉と金属箔を極め、幅広い産業分野に高機能材料を提供し、社会に貢献できるよう努めてまいります。

会社DATA

所 在 地：京都市山科区西野山中臣町20番地
創　　業：1700（元禄13）年
設　　立：1935（昭和10）年1月10日
代 表 者：福田　健
　　　　　園田　修三
資 本 金：7億円
売 上 高：675億7千万円（2021年12月期）
従業員数：657名（2021年12月末現在）
事業内容：各種金属箔・金属粉の製造・加工、販売
U　R　L：https://www.fukuda-kyoto.co.jp/

モノづくり

ＩＴ・ソリューション

医薬・化学

商社・サービス

建設・住設

社会インフラ

▲株式会社フジキン

半導体製造装置のキーパーツを担うメーカー
──宇宙ロケットや水素ステーションなど最先端分野を支える

ここに注目！ 半導体製造装置用バルブシェア、世界40％
ガス流量制御機器へも参入し、システムメーカーへと変貌

近年、旺盛な半導体需要に伴い、半導体製造装置市場が活況だ。こうした中で世界の半導体製造装置メーカーと取引し、躍進しているのが株式会社フジキン。半導体製造装置用精密バルブで世界40％の圧倒的シェアを持つグローバル企業である。2000年には、バルブ単体にとどまらず、センサとコントロールバルブを使ったガス流量制御機器市場に参入し、部品メーカーからシステムメーカーへと変貌した同社は、新たな成長ステージに突入した。

いち早く電子制御のバルブを開発

フジキンは、気体や液体を高精度に制御する、『超精密バルブ・制御システム』に特化したメーカー。宇宙ロケットや半導体、水素、二次電池、製薬など多種多様の産業で流体を扱うキーパーツを担うほか、ライフサイエンス事業として自社でチョウザメ養殖を手掛けている。

現在主力となっている半導体製造装置用への道筋を付けたのは、1980年代に商用化した電子バルブだ。元来、空圧制御だったバルブを電動化し、精密にコントロールする製品へと飛躍的な進化を遂げた。当時、開発メンバーとして配属された西野功二取締役は、「電気系技術者が社内にほとんどいなかった」と、試行錯誤の開発を振り返る。外部の専門家との協業で学びながら自社の知を厚くし、電子バルブを開発。顧客の期待を超える製品を生み出し続け、いまのフジキンがある。

その活躍は、半導体分野にとどまらない。宇宙開発分野においては、安全・精密にロケット燃料充填を制御する技術で貢献。また、JAXA（宇宙航空研究開発機構）の小惑星探査機「はやぶさ2」が小惑星「リュウグウ」から持ち帰った試料の揮発性物質を分析するガス採取装置にも、同社の配管技術が採用されている。生命の起源の謎を解き明かす、国家プロジェクトを縁の下で支える一社だ。進化する半導体製造プロセスや、未知との闘いとなる宇宙開発など、数多くの最先端分野において、同社が関わっているのは、信頼性によるところが大きい。バルブや配管の信頼性とは、突き詰めれば「漏れない」技術。長年で培った、漏れない機構と部品加工の技術。その蓄積が最も活かされているのは水素だろう。地球温暖

大阪工場 東大阪（左）、大阪工場 柏原（右上）、大阪ハイテック研究創造開発センター（右下）

宇宙ロケット（H-ⅡA型）
「Photo by JAXA」

TBSテレビ系列「下町ロケット」撮影風景
（つくば先端事業所）

チョウザメ事業

モノづくり

ＩＴ・ソリューション

医薬・化学

商社・サービス

建設・住設

社会インフラ

化抑止のため、「カーボンニュートラル」を社会が目指すにあたり、水素はカギを握る。分子が極めて小さな水素を安全にハンドリングするには、漏らさない技術を持つ同社は必要不可欠な存在だ。超高圧・極低温（99.9MPa、−253℃）という厳しい条件をクリアし、大量輸送・大量貯蔵が可能な液化水素に対応する製品も開発している。既に国内外の水素ステーションで同社のバルブが活躍。水素社会を強力に後押ししている。

社内外の連携に強み

　カーボンニュートラルへのこだわりは、自社の事業活動そのものにも表れている。つくば先端事業所（茨城県）では、定格出力2,255kWの発電が可能な太陽光発電を設置。また、2022年7月には、岩手県企業局の水力発電所の電気供給契約を締結し、再生可能エネルギーの本格利用へと舵を切った。社会の公器としての企業を強く意識するフジキンにとって、カーボンニュートラルは、事業成長とともに両立して達成すべき課題。増産投資を重ねる事業成長のスピードは速く、両立の実現は決して容易ではない。しかし、数々の技術の壁を乗り越え、顧客ニーズへの対応や、より良い社会への貢献を一歩一歩進めてきた同社は、実現可能な目標として明確に位置付ける。「研究開発は一人で成しえるものではない」。西野取締役は、そう指摘した上で、「技術者間の連携と、社外との協業・共創ができる風土がフジキンにはある」とし、自信を覗かせる。描くのは、技術の進歩と環境の両立を世界でともに実現する未来社会だ。近年、フジキンの人事では、素材系や機械系だけでなく、電気系や化学系など技術者層の幅と、ソフト系の開発者の厚みを徐々に増してきた。また、アメリカやアジアなどでの拠点の拡充は目を見張るものがある。グローバル企業として同社がやれること、やるべきことは格段に増え続けている。

| わ | が | 社 | を | 語 | る |

代表取締役社長
田中 久士氏

社員のやりがいを応援する会社

　フジキンは、流体（気体・液体）をコントロールする高度な技術開発力と製造力で、多様な産業を支える会社。今後も大きな成長の可能性があると自負しています。会社成長の要となっているのは、社員ひとり一人の成長です。「仕事にやりがいを持ち、強い団結力で粘り強く実行していく」、それがフジキンの目指す姿。そのために社員の成長をバックアップする、教育体制を整えています。様々な業務研修に加えて、新しい知識の吸収や参加型教育制度、資格取得認定制度など、社員がなりたい目指す姿を実現できる成長プログラムがあります。ぜひフジキンに注目していただき、やりがいをもって一緒に仕事をしていただきたいと思っています。

会社 DATA		
所 在 地	：	大阪市北区芝田1-4-8　北阪急ビル
創 業	：	1930（昭和5）年5月
設 立	：	1954（昭和29）年9月
代 表 者	：	田中 久士
資 本 金	：	9,680万円
グループ従業員数	：	5,858名（2022年3月末現在）
事 業 内 容	：	特殊バルブ・継手・流体制御システムの開発、製造、販売
U R L	：	https://www.fujikin.co.jp/

◢不二精機株式会社

金型専業から進化した提案型モジュールメーカー
——M&Aによって金属・樹脂の一体成形が可能に

ここに注目！　自動車のCASE領域対応として工場新設や買収を実施
モノづくりの基盤である金型技術を保有

　私たちの身の回りの製品・部品の多くは、型の形状を各種素材に転写する成形によってつくられている。同一形状を大量に生み出す金属製の型が、金型。かつては、樹脂やゴム、金属、ガラスなど形状転写する対象素材ごとに金型メーカーは分かれていた。しかし近年、その住み分けに変化が生まれ始めている。樹脂金型と成形を手掛ける不二精機株式会社は2019年、金属プレス金型・成形メーカーの秋元精機工業株式会社を買収した。狙う市場は、金属と樹脂を一体化するインサート成形。樹脂の筐体やカバーと、大電流を通す銅部品を一体化したモジュール部品生産で、EV市場へ切り込もうとしている。

「金型＋成形」でいち早く海外進出して成長

　不二精機の大きな転機はこれで2度目。1度目は2001年に金型専業メーカーから脱皮し、成形をも担うメーカーになったことだ。当時は、家電や自動車などあらゆるメーカーが海外生産を加速していたが、モノづくりの基盤を支える金型や成形メーカーの海外進出は追いついていなかった。ましてや金型と成形を一手に請け負える日系企業はほぼ皆無。「10年後を考えた時に、金型専業で事業を拡大していくのは難しい」と考えていた同社は、いち早く東南アジアと中国に工場を設置し、金型と成形をセットで受託するビジネスを展開。当時、金型の修正やメンテ

ナンスの際に国内に送り戻す必要があった、顧客の海外生産のボトルネックを解消した。効率的で高度な生産手法は、日系の家電やカメラ、プリンターメーカーへと浸透し、後にそれらの実績が、現在の同社成形事業の主要顧客である自動車のティア1（完成車メーカーに直接部品を供給するメーカー）との取引へとつながった。

　現在の売上高比率は6割が成形事業で、4割が金型事業。金型は、精密さが要求される小型部材を、一つの金型で数十個成形する多数個取り技術を磨き、注射器など付加価値の高い医療分野で伸ばしている。

　強みは成形時間を短縮するハイサイクル金型技術と、多数個取りにおいても成形品精度を維持でき

松山工場（愛媛県）外観

鈴鹿工場（三重県）外観

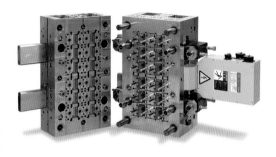
注射器用金型

る精密な金型。樹脂の流れを解析し、低い圧力でも金型内の隅々に充填できる金型設計ノウハウに定評がある。

競合にキャッチアップされれば、さらに先の技術へ

しかし技術は日進月歩。「何も手を打たなければ、競合他社も早晩キャッチアップしてくるだろう」と気を引き締める。業界内で高く評価される技術は、分解・解析するリバースエンジアリングによって競合から模倣されもする。

「さらに一歩先の技術へ進む」。独自技術の増大と囲い込みのため、23年に高知県宿毛市で金型設計・加工の新拠点を設置し、日本国内において設計機能強化を図る準備を整えている。

絶えず変化するビジネス環境に対応していく秘訣は「ひとりひとりが自律的に考えて動く組織づくり」だという。同社は今また、大きな変革期にあり、そこかしこで"考動"が実施されているところだ。

最も大きなビジネス環境の変化は自動車。CASE（コネクテッド、自動運転、シェアリング、電動化）の時代へと急速に進んでいる。しかし「変化はピンチでありチャンス」。秋元精機の子会社化はチャンスを切り拓く一手だ。既存の燃料系周辺部品が減少する一方、電池やモーター、インバータ、センサーなど新たな部品需要が台頭。樹脂・金属のインサート成形はこれらの需要を取り込む上で必要不可欠な生産技術となる。

2022年4月には、CASE領域に対応した部品の開発と試作、量産ができる新工場も三重県鈴鹿市で立ち上げた。「我々は、より効率的なモジュールやユニットの部品生産を提案できる企業になる」と目指す姿を明確に語る。

｜わ｜が｜社｜を｜語｜る｜

代表取締役社長
伊井　剛氏

やんちゃな人は、世界を動かす力がある

混沌として、先行きが見通せない今の環境において、企業が発展していけるかどうか？　それは、ひとえに「人財」の力にかかっていると言えます。

今のような「見えない壁」だらけの社会において、それを打ち破っていけるのは、明るく元気な"やんちゃな人"だと思います。当社は、そんな"やんちゃな人財"を求めています。

金型？　成形？　と言われてもピンとこない人が大多数だと思います。けれども、金型や成形が産業を、社会を支えていることは、紛れもない事実です。

私たちと一緒に、技術を磨き会社を発展させ、そして何よりも自分自身を磨き成長していこうではありませんか！

やんちゃな"あなた"には、世界を動かす力がある。

会社DATA

所 在 地：	大阪市中央区瓦町４丁目8-4　井門瓦町第２ビル５階
創　　業：	1955（昭和30）年３月
設　　立：	1965（昭和40）年７月
代 表 者：	伊井　剛
資 本 金：	５億円（東証スタンダード市場上場）
従業員数：	533名、個別では112名（2021年12月末）
事業内容：	精密金型、成形システムおよび精密成形品の製造・販売
U　R　L：	https://www.fujiseiki.com/

▲株式会社不二鉄工所

フィルム・シート巻取機＆スリッターマシンでアジアを席巻
——国内大手化学メーカーすべてと取引する圧倒的な製品開発力で飛躍

アジアで断トツのトップシェアと驚きの高収益、高待遇
設計開発から製造メンテまでを一人が担当する独自のモノづくり

　驚きの会社である。フィルム・シートを「巻き取る」、「裁断する」、「包装する」機械で、ほぼすべての国内大手化学メーカーと取引する株式会社不二鉄工所。ニッチな市場ながら、国内、アジアで断トツのトップシェアを確保し、いまなお中国、アジアの経済成長に伴う旺盛なフィルム・シート需要に追われ、経常利益率10％超の高い収益基盤を持つ。

　1954（昭和29）年、繊維機械の製造販売会社としてスタート。程なくしてフィルム・シートの巻き取り機の市場に参入し、素材メーカーの要望に応じた専用の巻取り機・裁断機（スリッター）を設計開発することで、着実に成長を遂げてきた。松本拓人社長は、

　「食品、飲料などの日常品の包装や、紙おむつなどの衛生品のほか、自動車のフロントガラスや液晶ディスプレにもフィルムは使われる。フィルムやシートはなくならない」と強調し、同時に巻取り機やスリッターを求める動きは、世界的に拡大していくと見る。

リチウムイオン電池向けの需要が急増

　なかでも注目されるのが、自動車の電動化に伴う最近のリチウムイオン電池用のフィルム需要。中国を中心とする現地化学メーカーからの注文が殺到し、2022年9月期の売上高は過去最高の90億円程度になる見込みだ。松本社長は「一時的なブーム」と慎重姿勢

を崩さないが、来年度も大幅な売上伸長を予想しており、年商50億円規模の同社が新たな成長ステージに突入したことは間違いない。

　そんな同社の最大の強みは、顧客の細やかな要望に応えられる技術力。「『新しいシートができたから、これに対応する巻取り機が欲しい』といった開発ネタをお客様から頂戴し、それ克服することで技術を磨いてきた」（松本社長）と言う。秘匿性の高い顧客の新製品を扱うため、リピート受注が多いことも追い風だ。すでに保有特許は220件以上を数えるが、何と同社には「開発部」や「設計部」をはじめとする専門部署がない。開発から設計とメンテに至る

本社および交野事業所、交野第二事業所

巻取機

大型スリッター

まで、一人の技術部員が最初から最後まで面倒を見る。モノづくりの常識からすれば、効率が悪いのは明らかだが、松本社長は「技術者の育成に主眼を置いている。すべての業務をこなすことで技術の幅が広がる。顧客と直接向き合うことで最新の技術や情報を吸収することもできる」と解説する。

これを裏付けているのが、事務系を除いた技術系社員の5割が一級技能士の資格保有者であることだ。もともと同社は技術第一の社風があり、資格取得を奨励してきたが、社員一人ひとりの成長が会社の力の源泉であることを知っている。ここ数年は安定して機械・電気設計の新卒者を採用し、社員

全体の3分の1が大卒出身の技術職であることも頷ける。大手メーカーの細分化された技術職を嫌って、同社に入社してくるケースがあるという。

資格手当の大幅増と分厚い子供手当の新設

2018年、経営理念の上位概念となる企業理念を掲げた。「何のための会社か。それは社員とその家族が、モノと心の両面で豊かになることにほかならない」（松本社長）。2021年、言行一致の行動に出た。大半の社員が保有する一級技能士の毎月の資格手当を5,000円から一挙に3万円に引き上げた。さらに従来の家族手当に

加えて子供手当を新設、1人目1万円、2人目1.5万円、3人目2万円とした。3人子供を持つ世帯なら合計月額4.5万円。まだ事例のない4人目が生まれた場合は、「応相談」だそうだ。

圧倒的な市場ポジションに、独自のモノづくりが生み出す高収益と分厚い社員還元。驚きに満ちた不二鉄工所が、今後目指すところは、「名実ともにアジアNo1になる」こと。ブランドを高め、実力に一段の磨きを掛ける取り組みを欠かさない。2022年9月には、社名に代わる新たなブランドを設定し、次世代につながる不二鉄工所を確立していく。

|わ|が|社|を|語|る|

世界のFUJIブランドづくりに挑戦

代表取締役社長
松本 拓人 氏

当社は、創業以来、ラップやフィルムなどの巻取機やスリッターを軸に、機械のスペシャリストとしてお客様のモノづくりに貢献し、アジアでは他社を圧倒するトップシェアを確立してきました。現在は、「名実ともにアジアNo.1の巻取機、スリッターメーカーの地位を確立する」というビジョンと、「完全製品完全出荷」のスローガンのもと、社員とその家族が物心両面

で豊かになることを目指し、より良い製品づくりと会社づくりに取り組んでいます。モノを包む、衛生を保持するためにも、フィルム・シートの重要性が世界的にますます高まっていくのは確実です。そんなフィルム状製品づくりに不可欠な産業機械を手掛ける当社の役割も大きいものがあります。これから始まる世界のFUJIブランドづくりに挑戦していきます。

会社 DATA	
所 在 地	大阪府交野市星田北5丁目51番5号
創 業	1954（昭和29）年
代 表 者	松本 拓人
資 本 金	1億円
従 業 員 数	136名（2022年6月時点）
事 業 内 容	高機能・光学用フィルム巻き取り機、スリッター、包装機の設計・開発・製造
U R L	http://www.fujitekko.co.jp

▲富士電波工業株式会社

超高温加熱の技術で"ものづくりの環"をつなぐ工業用電気炉メーカー
──時代を超えてわが国の先端材料産業の発展に貢献

ここに注目！

2000℃超が求められる高温真空炉でユーザーからの厚い信頼
安定した財務体質と専門性を高める人材育成で「100年企業」を目指す

パワー半導体やEV車のモーターなど、脱炭素社会に不可欠な製品には、高温で熱処理された機能性の高い新素材が多く使われている。そうした高機能材料の製造や研究を、日常では想像もつかない超高温加熱の技術で支えているのが富士電波工業株式会社だ。高付加価値な特殊金属やセラミックスといった無機材料は日本が世界をリードする分野だが、富士電波工業の納入先には日本を代表する多くの素材メーカーが名を連ねている。

戦後間もない1948（昭和23）年、創業者の横畠信太郎氏がかねてから注目していた高周波誘導溶解炉の専業メーカーとしてスタート。朝鮮特需を契機に事業が軌道に乗り、高度経済成長期にはわが国の特殊鋼業界の発展に寄与した。1980年代に入るとファインセラミックスが脚光を浴び始め、この新素材にいち早く着目したのが2代目社長の横畠洋志氏（現相談役）だ。ホットプレス炉や黒鉛ヒーター加熱式真空焼結炉へと主力製品の転換に挑み、業界に先駆けて顧客に納入することに成功した。とりわけ、セラミックスの研究開発用に特化して開発した多目的高温炉「ハイマルチ」は、公的研究機関、大学、企業の研究所を中心に約300台の納入実績を誇る。

ユーザーニーズにとことん応え続けて超高温加熱を実現

今や高温電気炉の用途は、金属・セラミックスだけでなくシリコンや黒鉛、石英などにも広がっているが、同社最大の特長は、競合の少ない2000℃以上の超高温炉を得意としていること。2017年には黒鉛ヒーター加熱では限界ともいえる3400℃超高温炉の開発にも成功し、多くの無機材料の研究者やメーカーから、「高温・真空なら富士電波工業」との定評を得ている。この技術開発力の背景にあるのが、中小企業ならではのユーザーの要望にとことん応えるモノづくりの姿勢。横畠俊夫社長は、「炉内で均一に保ちたい温度やエリア、冷却時間などユーザーの要望は様々。なかには極限状態のような仕様もあるが、コストの許す限り何とか応えようと創意工夫する。そんな経験を通じて多くの技術的知見が得られるし、その愚直な姿勢が顧客との信頼関係の礎となる。次回も新たな技術

滋賀工場新事務所棟・AR再生（会社・製品案内）

太陽光発電を備えた滋賀工場

多目的高温炉「ハイマルチ」

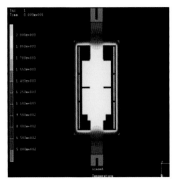
熱解析シミュレーション

若い技術者が活躍する
・AR再生（JobTube）

モノづくり

イノベーション

医薬・化学

専門・サービス

建設・住設

社会インフラ

課題を与えてもらえる」と、解説する。

強固な財務基盤と人材を大切にする経営

　技術力だけでなく、明確な経営方針にも強みがある。その一つが健全な財務体質。一度納入すれば長く使用する製品だけに、ユーザーとの付き合いは数十年に及ぶことが多い。顧客から信頼されるには経営基盤の安定が重要と考えた2代目社長は、着任と同時に財務体質の改善に力を注いだ。その理念は3代目の俊夫社長にも受け継がれ、今なおほぼ無借金経営を

続けている。もちろん利益を会社に蓄積するだけでなく社員への還元も手厚く、1970年代から期末決算賞与を支給し続けている。福利厚生でも退職金とは別に、確定拠出企業年金や養老保険も備えており、2021年には健康経営優良法人の認定を機に全社員対象の医療保険も導入した。

　そして、何よりも重視しているのが社員の成長だ。「人材育成の方針は"一専多能"。いろいろな経験をした後は、第一人者と認められる専門性を磨いてほしい」と語る横畠社長。年2回の面談や、専門職・管理職が選べるコース別

人事など、各人が持っている能力を存分に発揮できるような仕組みづくりに取り組んでいる。さらに経営理念に「和と挑戦」を掲げながら、「社員には失敗を恐れずに自己をレベルアップする行動を期待している」（横畠社長）と言う。

　2022年現在、高温電気炉への需要は高水準で推移しているが、今後はユーザーの炉の仕様検討をサポートする受託実験やシミュレーション、予知保全システムなどのサービスにも力を入れていくという富士電波工業。時代の変化に柔軟に対応し、新たな挑戦を続けていく。

|わ|が|社|を|語|る|

代表取締役社長
横畠 俊夫氏

「ものづくりの環」をつなぎ続け100年企業を目指す

　当社は当面の目標として「100年企業」を目指しております。現在、創業75年目。これからの四半世紀はこれまで以上に大きな環境変化に見舞われること必定です。でも大丈夫。当社の企業ビジョンは、お客様の研究開発から製品の量産、そしてリサイクルまでの流れを「ものづくりの環」ととらえ、その「環」を高温加熱の技術でつないで社会に貢献することです。この当社の

役割は、新素材開発とエネルギー利用の効率化が求められる脱炭素の時代にはいっそう重要になることでしょう。また、2021年に滋賀工場に建設した新たな事務所棟では、社員が活き活きと創造的な働き方が選べる自由なオフィスレイアウトを採用しています。準備を怠らず、これから仲間入りしてくれる未来の社員も含め、全社一丸となって百周年に向けて挑戦を続けてまいります。

会社DATA

所　在　地：大阪市淀川区新高2丁目4番36号
設　　　立：1948年（昭和23年）9月
代　表　者：横畠 俊夫
売　上　高：36億99百万円（2021年8月期）
従 業 員 数：135名
事 業 内 容：工業用電気炉（高周波加熱装置、抵抗加熱式真空炉 等）の製造・販売
　　　　　　特殊鋼鋳造品の製造・販売、ソフトウェアの開発、加熱実験の受託
　　　　　　機械器具設置工事業（大阪府知事許可（般-23）第136674号）
U　R　L：https://www.fujidempa.co.jp

▲プライムプラネットエナジー＆ソリューションズ株式会社

トヨタとパナソニックが共同出資する車載用電池開発・製造・販売の新会社
——両社がモノづくりの強みを融合し、モビリティの電動化に貢献

ここに注目！ SDGsや脱炭素という世界的な流れの中で拡大続く電動化のコア業界
材料、構造、制御システム、生産プロセスなど幅広い技術分野で大規模に人材獲得を推進

プライムプラネットエナジー＆ソリューションズ株式会社は、トヨタ自動車株式会社とパナソニック株式会社が共同出資して2020年に設立されたばかりの車載用電池メーカー。トヨタが51％、パナソニックが49％をそれぞれ出資し、自動車をはじめとする車載

用の角型リチウムイオン二次電池を開発・製造・販売する。事業の基盤となっているのはパナソニックと、2009年にパナソニック傘下となった三洋電機株式会社それぞれの電池部門だ。これにトヨタの電池開発が加わった。

「我々がつくっているのは電池

だが、電動車を作り上げることそのものだ」（蜂須賀一郎バリューイノベーション本部長）という意識だ。20年以上の実績を誇るパナソニックの電池と、トヨタの電動車の歴史。電池をつくってきた会社と、電池を内製していた車の会社ががっちりと組んで事業を展開する例は少ないだけに、両社の関連部署が手を組んで安全、品質、性能を追求していることは他にはない大きな強みといえる。

将来は陸海空のモビリティへ、そして街づくりにも電池が

SDGsや脱炭素という世界的な流れの中、電動車の市場は2030年には約5000万台と20年比で7倍へ拡大が見込まれている。電池は電動車にとって極めて大事な中核部品であり、「電池＝ケミカルエンジン」とも言われるほどの位置づけ。現段階では電気自動車やハイブリッド自動車向け車載用電池に特化しているが、建設機械関連などの働く車や航空機、船舶にも電動化が浸透するのは確実で、電池の市場は拡大し続ける。さらに、街づくり分野での電池の活用など、可能性は大きく広がる。

それだけに、安全、品質、性能向上の次に課題となるのが、コスト競争力。ここではトヨタやパナソニックの強みをバックボーンとしながら、製造系も技術系もスピーディーに改善を回し、かつ新しい会社として前例にとらわれない小回りの利く事業展開で他社の追随を許さない構えだ。加えて、

電動車市場予測

各種調査データよりまとめ
（プライムプラネットエナジー＆ソリューションズ）

約5,100万台

約730万台

■ BEV
■ PHEV
■ HEV

2020年　2030年予測

電動車市場は急拡大の予測

AR再生

Cell

prime planet
energy & solutions
Lithium ion

prime planet
energy & solutions
Lithium ion

For BEV / PHEV

For HEV

Pack & System

製品には幅広い技術分野の知見を結集

働きやすいオフィス環境づくりにも力を入れる

高出力電池出荷式

事務技術系新入社員第1期生

モノづくり

ソリューション

医薬・化学

商社・サービス

建設・住設

社会インフラ

製品ライフサイクルの観点から、グリーン化もしっかり視野に入れており、2030年には事業で使うガスや電力のカーボンニュートラルを達成させる計画を持つ。使用済み電池のリサイクルやリユース、リビルドといった再利用にも力を注ぐ。

　生産体制での最近の動きとしては、徳島や姫路、中国・大連での生産増強に加え、トヨタが北米で始める電池生産にも協力する。世界的資源大手であるオーストラリアのBHPとの電池材料であるニッケル供給での合意など、展開は目まぐるしい。

人材育成がモノづくりの基礎

　事業の急成長が見込まれるだけに、新会社ながら独自の採用拡大は急務。だが、人を中心とした経営についてはトヨタやパナソニックの精神を受け継ぐ。「モノづくりは人づくり。モノを作る前に人をつくる。人が育ってこそ技能・技術は磨かれるもの」と蜂須賀氏は強調する。新入社員には、集合研修で社会人としての教育と会社の価値観や仕事の流れを教え込む。他にも、トヨタ生産方式や問題解決手法について学ぶ機会や実際に電池をつくるカリキュラムも用意する。その後は製造現場で交替制勤務も体験してもらうという。職場では若手がものを言える風土を大切にする。トップ自ら現場に赴いてコミュニケーションを図るなど、ワイワイ、ガヤガヤ言い合える環境を整え、コミュニケーションのとりやすい組織にしているのも特徴だ。

　技術系でもケミカル分野にとどまらず、機械構造、電気・電子制御システム、生産プロセス等、幅広い技術分野の人が活躍している。電池の様々な可能性の実現を通じて社会に貢献するには、幅広い視野や知識を持つ人材が必要なことは当然。

　先進バッテリーの力で、かけがえのない地球、クリーンで豊かな社会を実現させていくという思いを込めた社名。これを担う人材の確保と育成は今後の成長のカギとなるだろう。

｜わ｜が｜社｜を｜語｜る｜

代表取締役社長
好田 博昭氏

一緒に未来を切り拓いていきませんか

　当社は2020年にトヨタ自動車とパナソニックが車載用角形電池の開発と製造、販売を担う専門メーカーとして合弁設立した会社です。そこには、世界の幅広いカーメーカーの電動化に貢献し、地球環境問題の解決に寄与したいという想いがあります。

　当社では、両社出身の電池のプロが大勢活躍するとともに、新たに入社した多くのメンバーが一緒になって

No.1電池を目指して日々挑戦しています。長い歴史を持つ事業母体がある一方で、新しい会社ならではの新しい企業文化を創造する醍醐味、そして何よりも、自分たちの手で豊かでクリーンな社会に向けて時代を切り拓いていく、その仕事にはきっと想像もできない喜びや感動が待っています。ぜひ私たちと一緒に挑戦しましょう。

会社DATA

所 在 地：東京本社　東京都中央区日本橋室町２−１−１　日本橋三井タワー13階
　　　　　関西本社　兵庫県加西市鎮岩町194−４
　　　　　国内各所（神戸、姫路ほか）、中国に拠点
操 業 開 始：2020（令和２）年４月
代 表 者：好田 博昭
従 業 員 数：約8,000名（海外子会社含む、2022年４月現在）
事 業 内 容：車載用高容量／高出力角型電池の開発・製造・販売、車載用次世代電池の開発・製造・販売
U R L：https://www.p2enesol.com/

▲北斗電子工業株式会社

「はかる」。モノの性能を見極める計測機器・検査機器のベテラン企業
——エレキ、ソフト、メカの三位一体の開発技術で日本の産業界を縁の下で支える存在

ここに注目！ 自動車、鉄鋼、電機、半導体など日本の代表的企業の研究室、設備部がユーザー
一品一品丁寧な打ち合わせから生まれるモノづくりが信頼を獲得

北斗電子工業株式会社は、半導体検査装置や磁気探傷装置、画像処理装置、その他特殊計測機器、検査装置の設計・開発・製造を手がける。自動車、鉄鋼、電機、半導体のメーカー各社の研究開発部門、設備部門のほか、大学の研究室などがユーザーだ。「はかる」をキーワードに、磁気・誘電率など

を用いた微少電流測定技術、アナログ信号処理、高速画像処理、制御技術を使った特殊計測器、検査器をオーダーメードで受注する。

エレクトロニクス、ソフトウエア、メカの三位一体で製品を開発・提供できる点は大きな強みであり、トラブルシューティングなどへの対応を含め、ユーザーから

は絶大な信頼を勝ち取っている。

売り上げの柱となるユーザーは6社前後で、売上高の約9割を占めるという。こなす案件は年間平均で350件前後。機器本体だけでなく、実験、メンテナンス、アップデート、治具なども提供しており、案件によって価格は10数万円〜数千万円と多種多様に及ぶ。

アナログ技術を基礎にデジタルに取り組む

創業から54年がたち、代表取締役社長の中野学氏は実質2代目の経営者。「1980年代から2000年前後にかけては、時代の流れに乗って拡大経営を展開し、中国にも出先拠点を設けるなど社員は50人を超えた時期もあった」と中野社長は振り返る。ユーザー企業の研究開発費の動向に同社の受注は左右されやすいため、2008年秋のリーマン・ショックの厳しい時期を経て、日本国内のユーザーに絞り、体制も現行の規模に縮小した。とはいえ「当社はコテコテのものづくり企業」と中野社長は関西弁を交えながら、54年間の技術・技能の蓄積を強調する。アナログ技術をしっかり基礎において、デジタルに取り組んでいることが重要という。計測機器のアウトプットはデジタルでも、はかるインプットはアナログだからだ。

また同社には営業部隊を置いていない。熟練の技術者がユーザーの"悩み"を聞いて、次の案件の提案と受注獲得につなげるスタイルだ。それだけに、豊富な知識と

完成品イメージ

自社製品　イオンカウンター

社屋外観

代表によるデザインのマーク（会社所在地を示す）

モノづくり

ナノテク・エレク

医薬・化学

商社・サービス

建設・住設

社会インフラ

経験を積んだ熟練者の養成には力が入るところ。中野社長は「若手社員にエンジニアとして成長してもらうには、未来への自己投資を意識した学習努力と成功体験が大事」とし、世代で価値観が変われども「モノづくりの喜びと達成感には、揺るぎない共通価値があると信じている」。

アフターコロナという時代の変革期

技術力の伝承と蓄積には、社員の新陳代謝が欠かせない。だが、「頑張れば儲かる」と思えた40〜50歳代と異なり、「新卒者や若手には成功がイメージできる体験が少ない」と中野社長は見る。それでも、「社会生活は政治でありコミュニケーション能力が重要であり、顧客に喜んでもらい、自分たちも儲けるというバランスが大事」と説き、毎年最低1人以上は新卒者を採用する計画で、中途採用についても異業種からの人材を迎え入れ、先輩熟練者の深いノウハウを学び取ってもらう事を意識している。ここ数年が産業界にとっても同社にとっても転換点とみており、デジタル化が進む中では半導体検査分野などでは装置需要の拡大が見込める見通し。また10年ほど前に開発した測定器「イオンカウンター」がコロナ禍で注目される動きもある。

「時代の変革期の今、変化に即して生き残る。そのために常にアンテナをはり巡らし、世の中の動きを可能な限り正確に見極め柔軟に行動する」と語る。

| わ | が | 社 | を | 語 | る |

代表取締役社長
中野　学氏

モノづくりの深い部分を極めていく

もっと良い会社に！お蔭様で54年間仕事させていただいています。それは当社社員の持つ技術力や人柄がユーザー各社に認められているからです。私たちは5方に必要とされ、貢献する企業でありたいと願っており、特に西宮市への地元愛は強く事業を通じて街を良くし、会社も自身も成長していきたいと思っています。もちろん社員あっての会社であり、会社あっての社員です。生涯を学びの場とし、ともに技術、人格の成長を目指し、モノづくりの深い部分を極めていってほしいものです。社員の健康を考えての健康経営や、社会の一員としてSDGsなど様々な取り組みをしています。若手には借上社宅制度もあり働きやすい環境を整えています。若手の皆さん、まだまだ伸びしろのある当社で、モノづくりを楽しみながら、ともに成長しましょう。

会社 DATA	
所　在　地：	兵庫県西宮市名塩東久保2－36
創　　　業：	1968（昭和43）年7月
設　　　立：	1972（昭和47）年11月
代　表　者：	中野　学
資　本　金：	7,200万円
売　上　高：	3億円（2022年2月期）
従 業 員 数：	25名
事 業 内 容：	半導体検査装置や磁気探傷装置、画像処理装置、その他特殊計測機器、検査装置の設計・開発・製造
Ｕ　Ｒ　Ｌ：	http://www.hokuto-ele.co.jp/

▲株式会社松本機械製作所

提案力、顧客に寄り添う製品づくり、迅速なフォローでトップブランドに
——創業から80年以上の歴史ある遠心分離機のパイオニアメーカー

ここに注目！ 厳しい品質が求められる医薬品向けで7割を超えるシェア
あらゆる機会を通じてスキルアップを支援する手厚い人材育成

新型コロナウイルス感染症（COVID-19）のパンデミック（感染爆発）で、ワクチンや治療薬が大きな話題となり、世界中が注目した。そうした医薬品開発になくてはならないのが遠心分離機だ。医薬品だけではない。化学製品や自動車部品、食品の生産など、あらゆる業界で活用されている。株式会社松本機械製作所は遠心分離機のトップブランドメーカーとして、世界のモノづくりを支えている。

同社は1938（昭和13）年に、創業者の松本福太郎氏が工作機械や産業機械の製作を手がけたのが始まり。1945年7月の堺空襲で工場の大半を焼失、操業不能となり休業に追い込まれたが、1947年に2代目社長の松本孝氏が卒業と同時に工場を整備して営業を再開する。

創業者の松本福太郎氏（左から2番目）

医薬品製造に適した遠心分離機

転機となった遠心分離機の修理

同社の転機となったのは、1949年に製薬会社や化学メーカーから遠心分離機の修理を頼まれたこと。翌1950年には遠心分離機の専業メーカーに転換し、今日に至っている。技術力には定評があり、絶対に失敗が許されない国内医薬品メーカーの73％が同社製の遠心分離機を使っているという。

同社の遠心分離機は安くない。コストダウンよりも品質と機能の向上を優先してきたからだ。それでも「松本機械の遠心分離機を選ぶ」という顧客が跡を絶たないのだ。価格が安い他社製品を選んで後悔する顧客も少なくない。同社の遠心分離機は機械だけではなく、サービスや提案も含めて選ばれているのだ。なぜ、そこまで高い評価を得ることができたのか？その理由は高い提案力ときめ細かいサービスだ。

同社は遠心分離機の使いやすいセッティング環境やどんな製品を作るのかを綿密にヒアリングし、最適な装置を提案する。つまり同社が納入する遠心分離機はオーダーメードに近い。想定した効果が出ない場合は、実際の運転状況を確認しながら修正していく。困難な要望や、未経験の案件でも断らないので、困っている顧客から絶対の信頼を得た。

営業時間外の緊急対応では、夜中や正月でも要請があればすぐに技術者が飛んでいく。発売から

機械ごとに図面を作成

遠心分離機の製造

2018年に完成した新工場

モノづくり

ＩＴ・ソリューション

医薬・化学

商社・サービス

建設・住設

社会インフラ

30年を経過した生産中止モデルのトラブルでは、同じモデルを利用している顧客に予備部品がないか片っ端から問い合わせて修理用部品を調達したことも。

「困った時は松本機械」で顧客から厚い信頼

松本知華社長は「もともとそういう社風だった」と振り返る。戦後の営業再開直後に製薬会社と取引をしたことで、医薬品ならではの厳しい要求に応え続けてきた。その結果、どのメーカーからも断られた遠心分離機の開発を請け負うことができ、「松本機械に頼めば、どんな難しい課題も解決してくれる」と高い信頼を得たのだ。

既存の遠心分離機を勧めるのではなく、一から設計し直して顧客の製造現場に最適な機械を提案する。固定客が離れないのはもちろん、「新しい製品をつくりたいので、そのための遠心分離機を提案してほしい」との新規客も増えた。

社員にも高いスキルが求められるため、人材づくりには力を入れている。社員は入社後、自社工場で半年以上の技術研修を受ける。その後はスキル向上のための外部研修や資格取得を積極的に支援している。怒りなどの感情をコントロールするアンガーマネジメントやチームビルディングといった技能系以外でも、仕事に役立つ内容なら申請すれば受講や資格取得の費用、交通費などを会社が負担しているという。資格取得手当に加え、月々の資格手当を支給するなど、資格取得を奨励している。

給与も年功序列ではなく、社員一人ひとりの向上心や粘り強さ、仕事への対応スピードなどで評価する。松本社長は工場内に冷暖房を完備し、タブレットの「iPad」を配布してチャットによる連絡やウェブ会議を導入するなど、若者が働きやすい環境を整えた。「今は採用で会社が人を選ぶのではなく、選んでいただく時代。優秀な人材を獲得するためにも社内環境の改善を続けたい」と意欲を燃やしている。

|わ|が|社|を|語|る|

代表取締役社長
松本 知華氏

「技術の松本」で新市場を拓く

提案力、諦めない粘り強さ、対応スピードが「技術の松本」を支える強みです。「なぜ遠心分離機の導入を検討されているのか？」からスタートし、お客様が今よりも品質の良いものを、効率良く、安全に製造できる装置を提案。いかなる困難があってもユーザーとともに粘り強く考えて克服し、納品後もお客様に対する迅速なアフターフォローを徹底して実施しています。

遠心分離機とは無縁だった会社にも、導入することで新製品や生産の効率化に役立つことを提案して新市場を開拓したいと考えています。人があってこそのわが社。社内では女性社員も増えており、在宅勤務の導入や長時間勤務の排除など誰にとっても働きやすい職場づくりに力を入れています。

会社DATA		
所 在 地：	大阪府堺市堺区三宝町6丁326番地	
設 立：	1939（昭和14）年9月7日	
代 表 者：	松本 知華	
資 本 金：	3,000万円	
従 業 員 数：	48名（2022年8月時点）	
事 業 内 容：	各種遠心分離機の開発・製作、遠心分離機に付属する化学機械ならびに装置の開発・製作	
U R L：	https://mark3.co.jp/	

株式会社DTS WEST

地域に密着した「共創」で顧客の期待を超えるシステムを提供
──社会のインフラを支えるシステムインテグレーター

ここに注目！ 消防や防災など「絶対にミスが許されない」システム開発の第一人者
受注したお客様と40年もの長いお付き合いになる絶対の信頼性

DX（デジタルトランスフォーメーション）が叫ばれるなか、ユーザーにとって本当に役に立つシステムが提供されているのか？浮ついたブームになっていないか？株式会社DTS WESTは、そうした問題意識からユーザーに寄り添った情報システムサービスに当たっている。

同社は1991（平成3）年にDTSの関西支社として発足した。2003年に開設された中京支社と関西支社を統合した上で分社化、2015年に株式会社総合システムサービス（1979年設立）を存続会社として合併し、DTS WESTとしてスタートを切る。現在、同社はDTSのグループ会社として、西日本のSI（システムインテグレートサービス）事業を担当している。「地域会社」として発足した同社だけに「地域社会とともに幸せになる」（長崎一則社長）という共創の思想を大事にしている。具体的には顧客企業と知恵を出し合いながら、現場が使いやすく便利なものを作っていくというやり方だ。

パブリックサービスで圧倒的な強みを発揮

同社は消防・防災、社会・公共といったパブリックサービスで圧倒的な強みを持つ。ニッチトップを誇る消防・防災セクターでは、消防車や救急車に出動指示を出す「消防指令管制システム」や出動情報を国に報告する「消防支援情報管理システム」、緊急時に警報を発する防災情報システムなどを開発・提供し、地域の安心・安全に貢献する事業に40年以上取り組んでいる。

社会・公共セクターでは京都府や京都市などに業務の内容や流れ、組織構造を根本的に見直し、再設計するBPR（ビジネスプロセス・リエンジニアリング）を提案。これまでは人間のみが対応可能と想定されていた高度な作業を、ルールエンジンやAI（人工知能）、機械学習などの認知技術を活用して代行するRPA（ロボティックプロセスオートメーション）製品の選定や導入支援などを手がけている。

法人セクターでは大阪・京都・名古屋の大手企業と長年の信頼の中でビジネスを進めており、製造業のコア業務のシステム開発・運用やカーナビ用地図を使ったITモビリティーサービスのシステムを開発したほか、団体・個人保険システムや金融機関がBCP（事業継続計画）対策で関西エリアに置いているバックアップサーバシステムの運用や保守などを請け負っている。文教セクターでは大学のシラバス・受講登録システムや空中タッチパネルを利用した非接触の証明書発行システムを構築。

AI FAQソリューション（自社開発チャットボット）「kotosora」

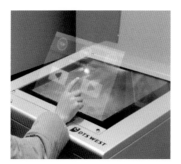

非接触を実現する「空中タッチパネル」ソリューション

事業セクターを超えて連携しやすい職場環境

リフレッシュスペースを備えた働きやすい職場環境

顧客との強い信頼関係がシステム開発の好循環に

DTS WESTの強みは、顧客との強い信頼関係にある。40年間も継続している企業や自治体も多い。これはエンドユーザーだけではない。消防局にハードを納入する大手ハードベンダーからもアプリケーション開発を任されている。

同じ自治体や企業から継続的に受注することで顧客システムの問題点を対応し尽くして、システムトラブルが起こらない。顧客からの複雑な要望も「阿吽（あうん）の呼吸」で理解できる。そうなるとエンドユーザーやベンダーからの信頼がますます高まり、さらに継続してシステム開発を手がける「好循環」となっているのだ。

ただ「付き合いが長い」だけではない。「小さな仕事や難しい仕事でも断らない。大きな仕事でなくても、ユーザーに寄り添う姿勢で引き受ける」（長崎社長）真摯さも高く評価されている。それに加えて言われたものをただ作るのではなく、ユーザーと一緒に知恵を絞りながら期待を超える素晴らしいシステムを作っていく「共創」の思想で、発注側が思いもよらない使い勝手の良いITシステムづくりを実現しているという。

同社が目指すのはユーザーと一緒に考えるスタンスを大事にしながら、「地域が困っている課題をサポートする会社」。「頼まれたものを作る」システムベンダーではなく、ITシステムを通じてユーザーに大きな価値をもたらすサービス提供者を目指している。

｜わ｜が｜社｜を｜語｜る｜

代表取締役社長
長崎 一則氏

創造性の高い仕事で社会に貢献

わが社を一言で語れば「社会に貢献していく企業」。SDGs11番目の目標「住み続けられるまちづくりを」を意識しています。こうした社会デザインでは「これからこうなる！」と決めつけがちですが、地域との対話を重ねてプロジェクトを回しながら考えていく「スピーディーな試行錯誤」を心がけています。そこで重要なのが人材。自分で工夫しながら新しいものを作るチャレンジ精神や好奇心を持つ、ポジティブな人材を求めています。

テレワークで通勤を不要にしたり、厚労省の子育てサポート企業「くるみん」認定を受けて産休復帰率100％を実現したりするなど、働きやすい職場づくりにも力を入れ、創造性の高い仕事ができる柔軟な環境にしています。

会社DATA

本　　　社：大阪市中央区安土町2-3-13大阪国際ビルディング22階
設　　　立：1979（昭和54）年2月
代　表　者：長崎 一則
資　本　金：1億円
従 業 員 数：270名（2022年4月1日現在）
事 業 内 容：◆システムインテグレーションサービス　◆情報システムの開発および保守
の受託、売買ならびに賃貸借　◆情報システムに係わる電気工事、電気通信
工事の設計および施工　◆コンピュータシステムおよびネットワークの導
入、運営管理ならびに保守管理　◆コンピュータ等情報関連機器およびソフ
トウェアの製造および開発、売買ならびに賃貸借ほか
Ｕ　Ｒ　Ｌ：https://www.dtswest.co.jp/

▲ 株式会社オージス総研

IT利活用の上流から下流まで網羅するシステムインテグレーター(SIer)
——都市ガスインフラを支え続ける確かな信頼と高度技術で社会に貢献

ここに注目！ つねに一歩先の技術開発に取り組む創業以来のチャレンジ志向
多様なキャリア形成を実現できる幅広い業務領域

大阪ガスを親会社とするユーザー系SIerでありながら、この会社に「保守的」とか、「内向き」といった姿勢は見当たらない。公共インフラのシステム構築・運用をトータルに手掛ける一方で、つねに一歩先の技術開発に挑戦している株式会社オージス総研だ。1983年に大阪ガスのシステム開発部門を独立させて創業、90年代には、いち早くオブジェクト指向開発に取り組み、モデリングから開発まで一貫したオブジェクト指向の考え方で、高度で大規模なシステム開発を数多く手掛け、成長を続けてきた。新たな技術分野にみずから挑むオージス総研は、チャレンジ志向に満ちた稀有なユーザー系SIerと言えるだろう。

顧客のIT利活用を総合的にサポート

「大阪ガスのライフラインを止めない」。この重要なミッションを実現するシステムを開発し、長年にわたって安全かつ安定的に運用してきたことが、オージス総研の信頼の証であり強みでもある。特にプロジェクト遂行で欠かせないのが、顧客にとって大事なものは何か、本質を見極める姿勢。例えば、大阪ガスの防災関連の開発案件では、都市ガスの即時復旧を妨げるシステムダウンのリスクを重視し、顧客の機能追加の求めをそのまま受けるのではなく、安定稼働のために別提案したこともある。「提案のみのコンサルファームや設計・開発だけのシステム会社とも違う。上流のコンサル領域から下流の保守運用まで、顧客のIT利活用を総合的にサポートできるところに当社の価値がある。」(髙橋人材開発センター長)。

現在、Daigasグループ(大阪ガスグループ)以外の外販比率は約4割。数あるユーザー系SIerのなかでは高いレベルだが、ガスの自由化対応に伴う開発案件が急増する以前の外販比率は約5割。将来的には外販と内販の全体比率2：1を目指すというから驚きだ。また最近では、顧客のDX推進にも取り組んでいる。酒造メーカーと共同開発したAI活用の飲みくらべアプリ「サケクラ」や、「ヒトに寄り添う会話型AI事業」でスタートアップと資本提携するなど、AIを用いたDX推進を積極化。さらに他社との業務提携を通じてグローバルな開発体制を強化するなど話題は目白押し。大阪ガスの案件で蓄積したトータルなITスキルを外販に広げる一方、外販で培ったERP導入開発等のスキルを内販に生かすなど、経験やスキルを相互に融通することでビジネス機会の拡大につなげる。

本社（京セラドーム大阪に隣接）

東京本社の外観（大崎に立地）

若手社員の活躍をサポート

風通しの良い職場

ライフステージに応じた働き方が可能

豊富なキャリア形成支援と働きやすい環境の整備

「人」が資産の会社なだけに、キャリア形成の支援に力を入れている。もともと上流から下流まで幅広い業務を展開しているほか、多様な企業向け業務があるため希望するキャリアを形成できる土壌がある。技術の習得やヒューマンスキルなど成長支援の仕掛けも豊富に取り揃え、とりわけベンチャー企業に半年から1年出向して他社の仕事を学ぶ「トレーニー制度」は、同社が社員教育を重視していることの表れ。また、自らのアイデアを事業化する「スタートアッププログラム」を毎年実施、社員のチャレンジを促している。

働き方改革も先行している。在宅勤務制度は新型コロナウイルス以前から推進しており、今後に向けてロケーションに捉われない働き方を検討中。育児や介護などの事情で退職する社員が復帰できるジョブリターン制度も整えた。最近になって同制度で復職する社員が増えており、再び働きたいと思える会社であることの裏返しでもある。産休、育休後の復帰率もほぼ100%に近く、ライフステージに合わせた働き方が可能だ。女性活躍推進企業認定の「えるぼし」認定段階3や、子育てサポート企業認定の「くるみんマーク」（男性の育休取得率も26.5%で、4人に1人が取得している）、仕事と介護の両立職場の「トモニンマーク」をそれぞれ取得し、2022年2月には「大阪市女性活躍リーディングカンパニー市長表彰」で優秀賞を受賞した。

「高度なIT技術で社会に貢献」し、「社員が安心してチャレンジし失敗から学べる」とともに、「面白くてレベルの高い仕事ができる」会社を目指しているオージス総研。柔軟な発想とひらめきを呼び覚ます開放空間「OGIS-Lab」も用意し、今後も先進技術の開発に挑み続ける方針だ。

│わ│が│社│を│語│る│

代表取締役社長
中沢 正和 氏

お客さまの期待を超える価値を創り出す

当社はDaigasグループの一員としてエネルギー事業の基幹システムの構築・運用により培った技術・経験を、金融・製造業など幅広いお客さまにも提供しています。高い技術力とお客さまに真摯に向き合う誠実さで厚い信頼を獲得し、お客さまのビジネスを支えてきました。昨今の変化の激しい時代では私たちに求められる役割も変わり続けています。カーボンニュートラルの実現やDX推進に向けた取り組みなど、従来のシステム構築や運用にとどまらず、お客さまや社会の変革に貢献するコンサルタントの役割も求められるようになっています。お客さまに対してどのような価値を提供できるのかを常に問い続け、お客さまの期待を超える価値を創り出すことを目指しつつ、社会の発展と人々の豊かな暮らしに貢献していきます。

会社DATA

所　在　地：大阪市西区千代崎3丁目南2番37号
設　　　立：1983（昭和58）年6月29日
代　表　者：中沢 正和
資　本　金：4億4,000万円（大阪ガス株式会社100%出資）
従業員数：単体：1,520名　グループ合計：3,527名（2022年3月末現在）
事業内容：システム開発、運用、コンピュータ機器・ソフトウェアの販売、コンサルティング、研修等
Ｕ　Ｒ　Ｌ：https://www.ogis-ri.co.jp/

株式会社ダイレクトマーケティングミックス

ユーザーに寄り添う「営業・マーケティングのプロフェッショナル集団」
——働きがいのある環境で多様な人材の能力を最大限に引き出し、急成長を実現

ここに注目！ 数千万人のユーザーを抱えるナショナルクライアントにも頼られる「営業力」
DXの時代だからこそ、人と人の直接対話によるコミュニケーションが重要に

株式会社ダイレクトマーケティングミックスは、自社コールセンターからの電話を中心に様々なチャネルでマーケティング事業を展開している。コールセンターと聞くと、電話をかけてきたユーザーの問い合わせや申し込みに対応する受け身のイメージがあるが、同社は一味違う。企業側からユーザーに電話をかけて製品やサービスを案内するアウトバウンドの営業スタイルを強みに急成長。2020年に東証一部に上場し、現在はプライム市場に移行している。

「売りっぱなしの営業」からの脱却を支援

同社が前身の株式会社カスタマーリレーションテレマーケティングを設立したのは2007年。当時の電話営業といえば、「売った

ら売りっぱなし」。ユーザーとの継続的な関係を重視するCRM（カスタマー・リレーションシップ・マネジメント）を謳う企業も多かったが、現実は程遠い状況だった。CRMの実現にはユーザーのニーズを正確につかむことが必要。そのために同社が取り組んだのがダイレクトマーケティングだった。

商品やサービスの営業にとどまらず、コンシェルジュのようにユーザーに寄り添い、ホットボイス（生の声）を収集。ユーザーを深く知り、心の通ったサービスを提供することで、ユーザーとの関係を構築していく。

同社の顧客は、数千万人ものユーザーを抱えるナショナルクライアントが中心。ユーザー自身が気づいていない新たなニーズを汲み取るマーケティング力には、顧客企

業も、自分たち以上にユーザーを知っていると舌を巻くほど。ほとんどのクライアントが同社のリピーターとなり、会社設立から14年連続で増収を続けている。

最近では新型コロナウイルス感染症（COVID-19）のワクチン受付業務なども受託。社会インフラの一翼を担うビジネスが、昨年から伸長している。事業拡大に伴い、マーケティング活動に従事するコミュニケーターを増員するとともにオフィスも拡充した。

コロナ禍で生活様式も営業の形も変わる

コロナ禍により、世界中でビジネスや生活の様式が大きく変わった。これまで営業といえば直接商談するのが当たり前。しかし、感染拡大でリモート会議などの非対面型コミュニケーションが一気に普

「全国高校生SDGs選手権」で高校生の提案から実現した「レインボーウィーク2022」。虹色は「多様性」の象徴

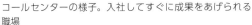
コールセンターの様子。入社してすぐに成果をあげられる職場

経験豊富なスタッフが、社員の「働きがい」をサポート

及。金融機関では窓口からオンライン取引が主流になり、不動産には非対面取引が導入され、新車販売もオンラインで完結するサブスクリプションサービスが登場した。同社はこうした社会の意識変化に対応するサービスを提供している。

デジタルトランスフォーメーション（DX）の進展により、こうした変化はさらに加速。ユーザーとの接点も街角のリアル店舗からバーチャルなウェブ店舗へとシフトしている。だが、DXの時代だからこそ、本当のニーズをつかむために人と人とのコミュニケーションを通じたマーケティングが重要になるという。そこで同社が大事にしているのは、質の高い人材の育成だ。

人を資本としたビジネスを展開する同社は、採用に当たって「選ばない採用」を実践しているという。多種多様な人材の獲得が、マーケティング力を引き上げる原動力になるからだ。経歴・学歴よりも、前向きでやる気があることを重要視。コールセンター業務未経験者の採用も多い。子育て中で週数時間しか働けないという社員も大切にしている。地元の高校生とコラボレーションしたSDGsイベント「レインボーウィーク2022」では、社員が虹色のマスクを着用し、多様性を認め合う社会づくりに向けた意識を高めた。

新卒採用者は入社月を4・7・10月から選択できる。留学やアルバイトなど、コロナ禍で実現できなかった学生らしい生活を満喫した上で、社会人として好スタートをきってもらいたいという配慮だという。「社員にやさしい」同社だからこそ、「いま『社会（セカイ）』から必要とされる事を」提供できるのだ。

| わ | が | 社 | を | 語 | る |

代表執行役社長 CEO
小林 祐樹 氏

どんなにデジタル化が進んでも、"ヒトとヒトの直接対話"はなくならない

当社は2007年の創業以来、「営業・マーケティングのプロフェッショナル集団」として顧客企業の課題解決に貢献し、持続的成長を続けています。

近年のDX推進の流れは、コロナ禍で大きく加速しました。非対面型のコミュニケーションスタイルが浸透し、QR決済やフードデリバリーなど新しいビジネスも次々と登場しています。こうした新たなニーズは今後も止むことはなく、社会のデジタル化はますます進んでいくことでしょう。

しかし、どんなにデジタル化が進んだとしても、最後のタッチポイントとしての"ヒトとヒトの直接対話"は決してなくなることはなく、ダイレクトマーケティングの必要性は変わらないと考えています。

「いま『社会（セカイ）』から必要とされる事を」という企業理念のもと、これからも様々な社会のニーズに応えてまいります。

会社DATA

本社事務所：大阪市北区曽根崎新地1-13-22　WeWork御堂筋フロンティア16階
設　　　立：2017年8月
代 表 者：小林 祐樹
資 本 金：18億6,683万円（東証プライム上場）※2021年12月31日現在
従 業 員 数：1,053名（3,663名）　※2021年12月31日現在。アルバイト・契約社員は（）内に年間平均人数を外数で記載
事 業 内 容：■マーケティング事業（ダイレクトマーケティング、コンサルティング、BPOなど）、■オンサイト事業（人材派遣）
U R L：https://dmix.co.jp/

モノづくり
IT・ソリューション
医薬・化学
商社・サービス
建設・住設
社会インフラ

▲ダイワボウホールディングス株式会社

国内最大級のITインフラ流通事業を核に新たな成長目指す
——繊維と産業機械を合わせた3つの事業で社会課題の解決に貢献

ここに注目！ ITインフラ流通事業における全国94の拠点網と圧倒的な調達力
ビジネスモデル変革と社会課題解決をテコにした事業の将来性

1941（昭和16）年に創業した大和紡績を祖業とするダイワボウホールディングス株式会社。紡績会社の多くが変革の歴史を積み上げてきたが、ダイワボウグループほどに劇的な変化を遂げた企業は少ない。国内法人向けパソコン（PC）の3割以上を卸売りするITインフラ流通事業を中核に、高機能素材を軸にする繊維事業、立旋盤を強みにする産業機械事業の3事業で、連結売上高1兆円規模のグループに発展。このうちPCと付随するソフトウェアや周辺機器を幅広く取り扱うITインフラ流通事業の売上比率は、実に90%を占めるに至った。今やダイワボウの名前は"糸"のイメージを超えて、国内最大級のITディストリビューターとして定着している。

先見性のある事業運営で独自の強み

ITインフラ流通事業は、かつて紡績工場のモニタリング装置の開発に携わった10人が、PCの販売に乗り出したのが始まり。事務機器系販売店やシステムインテグレーター（SI）、量販店などへの卸売りに特化し、メーカーより早く納品できる即納体制を武器に全国に支店を広げていった。西村幸浩社長は、「大量の在庫をベースにした迅速な納品と、全国拠点網によるFace to Faceの営業が基本。在庫圧縮や効率重視の経営とは異なるいわば逆張りだが、先見性のある事業運営で独自の強みを発揮し、グループの成長を牽引してきた」と言う。

現在、ITインフラ流通事業を担うダイワボウ情報システム株式会社（DIS）は、約1,300社に及ぶメーカー・サプライヤーからIT関連製品約220万アイテムを仕入れ、全国94カ所の営業拠点を通じて、各地の販売パートナーに商品・サービスを供給する。関東と関西の大型物流センターを含む全国5カ所の物流拠点を構え、在庫力を生かした自慢の即応体制は高く評価されている。販売パートナー約1万9,000社に対するセットアップやインストールなどの納品前作業からアフターサービスまでをワンストップで施せる営業サポート力のほか、1,300社のメーカー連携による圧倒的な調達力も大きい。メーカーにとってもDISは「量」を見込める頼れる顧客なだけに、需給がタイトな局面になれば、なおさら同社の調達力が際立つことになる。

これらの強みが十二分に発揮されたのが、「小中学生1人1台のPC」を掲げた文部科学省の「GIGAスクール構想」。持ち前の調達力と在庫力を活用し、全国の営業拠点から、販売パートナーを通じて全市町村の約8割にあたる自治体への導入に関わることが出来た。

新型コロナで一気呵成に進んだ教育現場の端末導入を下支えした同社だが、文教ビジネスの拡大の

8月に移転した本社入居ビル外観

DIS：可能な限り年に1回の社員旅行
数年ごとに海外の可能性があるかも（写真は前回のハワイ）

DIS：地域に密着した Face to Face の営業スタイル

大和紡績：暮らしの未来を変えていく繊維メーカー

OM：新幹線等の車輪をメンテナンスする床下車輪旋盤も国内シェアNo.1

みならず、高度化・多様化する技術に対応できる各種ソリューション事業も強化している。それらビジネスモデル変革の代表格となるのが、企業や社会の DX 推進に対応したサブスクリプション型クラウドサービスを販売パートナーが一元管理できる「iKAZUCHI（雷）」。直近3カ年の平均成長率が58.8%という大きな伸びを見せる「iKAZUCHI（雷）」の取扱高は、23年3月期200億円を計画している。

ESG の取り組みを強化

一方、祖業の繊維事業を営む大和紡績株式会社では、衣料品から不織布をはじめとする機能性素材に軸足を移し、紙おむつの材料やフェイスマスク・除菌シートなどの生活用品に用いる不織布のほか、産業用の洗浄フィルターなど事業領域を拡大。そしてパルプ由来で生分解性に優れたレーヨンなど、サステナビリティに配慮した研究開発を積極的に展開している。

産業機械事業の株式会社オーエム製作所（OM）は、発電用タービンや航空機エンジンの製造に欠かせない中大型の立旋盤で国内トップシェアを持つ工作機械メーカー。省エネや省人化に対応した自動包装機などの受注が好調で、今後はエネルギー関連や自動化ニーズを取り込みさらなる成長を目指す。

3事業を統括するダイワボウホールディングスの株主の3分の1は外国法人。「カーボンニュートラルをはじめとする ESG の取り組みは一段と強化する」（西村社長）として、このほど ESG 推進室を新設した。ビジネスモデル変革に挑戦しつつ、ESG に配慮した様々な商品やサービスを開発し世に送り出すことで新たな成長につなげていく。

｜わ｜が｜社｜を｜語｜る｜

代表取締役社長
西村 幸浩氏

社員の成長と一体感の醸成を大切にするグループ企業体

紡績業を発祥とする当社は、社会構造の変化に対応して事業変革を果断に実行し、IT インフラ流通事業を核とするグループ企業体に生まれ変わりました。全国に人を配した顔の見える営業を軸に、ユーザーの皆様、販売パートナーの皆様、メーカーの皆様にとって必要な存在であり続けたことが主因です。今後もサブスクリプションビジネスや学校教育の情報化など、IT 成長分野への取り組みを積極化する一方、環境や安全に配慮し繊維事業、産業機械事業を強化していきます。その原動力となるのが社員の力です。社員の成長と一体感の醸成を大切にするダイワボウグループの姿をもっと知ってもらえるよう、さらなる情報発信に努めてまいります。

会社 DATA	
所 在 地	大阪市北区中之島3-2-4 中之島フェスティバルタワー・ウエスト
設 立	1941（昭和16）年4月1日
代 表 者	西村 幸浩
資 本 金	216億9,674万4,900円（東証プライム上場）
従 業 員 数	連結5,671名（2022年3月31日現在）
事 業 内 容	IT インフラ流通事業：コンピュータ機器および周辺機器の販売等 繊維事業：化合繊綿、不織布製品、産業資材関連の製造加工販売業、紡績糸、織物、編物、二次製品の製造販売業 産業機械事業：生産設備用機械製品、鋳物製品の製造販売業
U R L	https://www.daiwabo-holdings.com

モノづくり
IT・ソリューション
医薬・化学
商社・サービス
建設・住設
社会インフラ

株式会社テクノツリー

自社開発ソフトで製造現場のDX推進を強力にサポート
——現場帳票の電子化・ペーパーレス化で急成長

ここに注目！ 採用社数 1,200 社以上を誇る主力商品「XC-Gate」の拡散力
モノづくり現場のデジタル変革に合わせた商品開発力

あらゆる産業分野でデジタルトランスフォーメーション（DX）の取り組みが活発化するなか、大手企業の生産現場を中心に採用が拡大している業務改善ソフトがある。株式会社テクノツリーが2010年に開発した帳票電子化ツール「XC-Gate（エクシーゲート）」だ。人材不足や省エネといった社会課題の解決に向け、AIやIoTを用いた企業のDXが本格化し始めたここ数年、XC-Gateの受注が着実に伸長し、前年度のテクノツリーの売上は35％増を記録した。産業構造が変革の時を迎えた今、XC-Gateを軸にした同社の活躍が一段と広がっていく見通しだ。

1996（平成8）年、大手鉄鋼メーカーの機械部門から独立した現社長の木下武雄氏が、産業機械や自動車メーカー向けマニュアル制作の請負で事業をスタート。映像や動画を用いたマニュアルやウェブ制作、多言語翻訳などのコンテンツ事業でビジネス基盤を固める一方、リーマンショックの前後に製造現場のデジタル化を見据えたビジネスを構想。「折角独立したのだから、アイデアを駆使して現場に役立つソリューションができないか考えた。タブレット端末の登場が一つの引き金。」（木下社長）と言う。マニュアルで稼いだ利益をデジタル事業に投資するかたちで、システム事業を立ち上げた。

「工場の見える化」を実現

着目したのが、生産現場でも広く使われているマイクロソフト社の表計算ソフトExcelだ。Excelで作られた帳票（作業報告書等）をタブレットのウェブ上で誰もが手軽に使えるようにすれば、紙は大幅に減らせるようになる。そんな発想から生まれたXC-Gateは、特別なソフトやインストール不要で使い慣れたExcelだけで画面を作成し、簡単にタブレットやスマホから入力でき、その場で電子帳票を作成することができる。ユーザーがExcelだけで自由に表示画面を設計できるので、「工場の見える化」につながり、リアルタイムな情報の共有による工程間のロス削減や、管理コストの低減など、ユーザーの使い方次第で様々な業務改善を呼び込むことが可能。

これまで多様化する通信対応や補助機能の充実など、使いやすさ向上のための様々な進化を遂げており、採用社数は自動車、電機、機械のほか、食品、飲料などの大手メーカーを中心に1,200以上に上る。なかには電気自動車（EV）の電池、セラミックス、モータを製造する企業が、国内外の工場すべてにXC-Gateを導入したケースもある。木下社長によれば、「われわれの知らないところで、顧客の皆様にXC-Gateの良さを見つけてもらっている」そうで、こうした多くの活用事例

エントランス社名ロゴの前で談笑する社員たち

XC-Gate画面操作イメージ

WEBでのリード獲得だけでなく、リアル展示会にも積極的に参加

信頼できる上司から分かり易い指導を受ける

が、新たな採用につながる好循環を生み出しているわけだ。この7月には、機械装置を制御するPLC（プログラマブル・ロジック・コントローラー）との連携が行える無料のデータ連携ソフト「XC-Connect」を発売、中小企業を含めた幅広い業種のDXを後押しする。

デジタルツインの到来をにらむ

今やコンテンツ事業を大きく上回り、XC-Gateを軸にしたシステム事業が同社収益の柱に育ってきているが、「さらなる成長の準備を進めている」（木下社長）。例えば、現実世界の情報をデジタル化し、将来変化に対するシミュレーションや分析を行うデジタルツイン。仮想空間で製品の試作を繰り返すことやトラブルを未然に防げる次世代製造業モデルだが、ここでも様々な現場情報をデジタル化できるXC-Gateの有用性が一段と注目されることになるにちがいない。

新たな成長戦略を進めつつ、IPOも視野に入れ始めたテクノツリー。若い力を獲得するための社内改革も急ピッチ。2022年からオープンな人事制度を導入し等級制度を明確化。ポジションに合わせてキャリアプランを設計できるようにしたほか、各種資格取得の補助制度などスキルアップの環境を整備した。「DXを取り巻く変化は激しい。面白い結果が得られそうな楽しみな案件もある」と話す木下社長。当分はテクノツリーの動きから目を離せそうにない。

| わ | が | 社 | を | 語 | る |

代表取締役
木下 武雄氏

新しい価値を持つ商品・サービスを提供

当社は、創業以来「技術と人とのインターフェースを充実する」という役割を追求するため、高度化・蓄積された工業製品をユーザーにわかりやすく伝えるコンテンツ事業と、タブレット端末を活用して現場の帳票類を電子化するソリューションを軸にしたシステム事業を展開しております。なかでも多くの企業様に採用いただいている帳票電子化ツールの「XC-Gate」は、局部的な改善に留まらないDX推進ツールとして活躍しているところです。今後はコンテンツ事業でのマニュアル制作で培ったナレッジ技術とシステム事業を融合しながら、デジタル化による産業構造の変革に合わせた新しい価値を持つ商品やサービスを提供してまいります。

会社DATA

所　在　地：兵庫県明石市魚住町清水534番地の7
設　　　立：1996（平成8）年7月4日
代　表　者：木下 武雄
資　本　金：5,000万円
売　上　高：18.7億円（2021年度）
従 業 員 数：166名（2022年8月1日現在）
事 業 内 容：□コンテンツ事業：産業機器、自動車メーカー向けマニュアル制作、多言語翻訳、動画制作等
　　　　　　　□システム事業：企業向け業務改善システムの開発・販売等
Ｕ　Ｒ　Ｌ：https://www.technotree.com/

株式会社ユニオンシンク

パッケージソフトとシステム受託開発の2軸を持つ中堅ITベンダー
――デジタル化とシステム化の間でとどまる中堅・中小企業を支援

ここに注目！ 自社開発パッケージソフトが、特に高い品質レベルが要求される製薬業界で浸透
システム受託開発にも対応しつつ、プライムベンダーとしてトータルサポートを実現

　日本のIT市場は、大手ITベンダーが大手企業を顧客としてシステム開発を請け負い、2次請け、3次請けのベンダーへと仕事が流れるピラミッド構造。このピラミッドに組み込まれず独自の発展を続けるITベンダーがある。大阪市に本社を置く株式会社ユニオンシンクだ。社員数約170人の中堅ベンダーでありながら、顧客の企業規模に関わらず、常にプライムベンダー（元請け）として直接取引をしている。お客様の生の声を開発に活かし、中堅・中小企業でも導入可能な価格の業務パッケージソフトを1992年から展開。中堅・中小企業でIT化の必要性が急速に高まる現在、IT業界内で存在感を増している。

デジタル化とシステム化の間でとどまる企業が大半

　多くの中堅・中小企業がWordやExcelを使って文書をデジタル化している。西谷社長は「このデジタル化にとどまっている企業が大半」と語り、システム化することによる合理化の余地は大きいと説く。紙に印刷してハンコを押したり、メール添付で社内申請や情報共有したりするのではなく、システムで一元化し進捗を見える化することは、スピードアップや漏れ防止につながる有効な手法だ。デジタル化とシステム化の間でとどまる企業が壁を乗り越える支援をするのが同社の役割だ。

　ユニオンシンクのパッケージソフト「デザインシリーズ」は、品質管理やワークフロー、文書管理など現在12種。一般的な中堅・中小企業向けで約500社に導入され、医薬品・医療機器製造業向けでは150社以上が採用している。

　中堅ITベンダーの中で、開発コストの嵩むパッケージソフトを自社で持つ企業は珍しく、数百社に上る企業に浸透するのはさらに稀。ましてや医薬など特定市場に食い込む成功事例は類を見ない。この経緯を、西谷社長は「たまたま」と一笑に付すが、開発着手は偶然であっても、開発を完工できたのは実は必然と言える。

　同社の長年にわたる取引先には、物流機器のダイフクや、貨幣処理機のグローリーなどいずれも業界トップの大手メーカーの名が並ぶ。特殊な機械・設備向けでプライムベンダーとして納期や品質を厳守し続け、収益を安定させてきた。これらが後に自社でパッケージソフトを開発する体力の源

大阪本社オフィスの受付

顧客にとって唯一無二のパートナーを目指している

品質デザイナー for GxP イメージ図

新サービス「品質デザイナー for GxP クラウド」

泉となっている。

部署や担当がまたがる一連の業務をつなげて見える化

「正直、安易に足を踏み入れてしまったばかりに大変なことになってしまった、と思っていた」。西谷社長は、現在の牙城となっている医薬品・医療機器製造業向けへの参入当時をこう振り返る。業界では欧米基準に合わせるためのガイドラインや法令・省令の改正が相次いだ時代。既存の品質管理パッケージソフトの適用はできず、新たな開発と投資を余儀なくされた。継続するか否かの議論になったこともあるが、幸いに

も、過去から当時に至る大手企業向けの安定収益が強固な財務基盤をつくっていたため、開発投資の壁をクリア。医薬品・医療機器製造業向けの品質管理システム「品質デザイナー for GxP」が誕生した。「品質デザイナー for GxP」は品質に問題が起きた際の、報告・情報共有から是正・予防措置、文書変更、教育訓練など、部署や担当がまたがる一連の業務を連動して進捗が見えるシステムだ。米国FDAが定める「21 CFR Part11」にも対応している。「ソフトが完成し、さぁ売っていこうとなった時に周りを見渡せば、競合するIT企業はほぼなかった」

（西谷社長）。

その他の中堅・中小企業向けのパッケージソフトからも"つながる"設計の思想が見て取れる。業務を単独で見るのではなく、関連業務をつなげ効率を最大化する。

既に多くの企業はデジタル化を果たしている。しかし、そのデータを電子帳票としてシステムに載せていかなくては、IT化の成果は限定的となる。「そこをなんとかしたい」と熱く語る西谷社長は、「お客様の業務へ寄り添い、もっと入り込むパートナーへ」と方向性を定めている。

| わ | が | 社 | を | 語 | る |

代表取締役社長
西谷 洋志氏

ITを使って便利になる仕組みを浸透

IT化やシステム導入・プログラミング等は、あくまで手段だと考えており、目的は皆が豊かになることです。物質的、精神的な豊かさはゆとりを生み出し、焦りに起因するトラブルの抑止や、新しい事への挑戦、創造的な仕事へと繋がります。社員、お客様、協業パートナーなど私たちに関わるすべての人を豊かにし社会に貢献し続ける企業にすることが目標です。

現在、あらゆる業種で、品質管理の社会的ニーズが高まり、作業や管理が増え、人手不足も顕在化していることから、業務の負荷削減が急務となっています。

ITを使って便利になる仕組みを、より多くの企業に浸透させたい。この実現には、より多くの仲間が必要です。考えに共感してくれる人と共に働き、共に発展したいと願っています。

会社DATA	
所 在 地	大阪市中央区南船場4-11-28　JPR心斎橋ウエスト 5F
創 業	1974（昭和49）年6月
代 表 者	西谷 洋志
資 本 金	1億円
従 業 員 数	168名
事 業 内 容	パッケージソフト開発販売・導入・保守サポート、システム受託開発
U R L	https://www.utc-net.co.jp/

株式会社MORESCO

境界領域のスペシャリストとしてオンリーワンを世界に届ける化学品メーカー
——環境対応型製品の開発を軸にサステナブルな社会の実現に貢献

ここに注目！
トップシェアを数多く保有する製品開発力とグローバル展開
ワークライフバランスを実現できる制度整備と健康経営

モノとモノが触れ合う境界領域のスペシャリストとして、数々のオンリーワン製品を開発し、モノづくりに欠かせない役割を演じている研究開発型企業。それが株式会社MORESCOだ。創業から培ってきた合成技術、精製技術を駆使して国内シェアトップの製品を数多く保有し、グローバル展開の加速と地球にやさしいオンリーワン製品の開発を軸に、将来の成長基盤を見据える。サステナブルな社会の実現に向けて着実に存在感を高めている化学品メーカーである。

創業は1958（昭和33）年、当時輸入品が主力であった特殊潤滑油の国産化を目的に、松村石油株式会社より研究開発部門を分離独立、株式会社松村石油研究所（旧社名）として設立したのが始まり。両角元寿社長は、「社名の通り、オリジナル技術で数々の製品を開発してきた」と説明する。実際に、国産化に成功した高真空ポンプ油は今なお国内70%のシェアを持つ。ほかにも、難燃性作動液は70%、ダイカスト用離型剤は50%の国内シェアを持つ（いずれも同社推定）。また、ハードディスク表面潤滑剤、自動車の高温箇所で使用される高温用グリース基油など世界市場でオンリーワンの製品もある。いずれもニッチな市場ながら様々な製造プロセスで欠くことのできない製品だ。

環境対応型新製品に注力

特筆されるのが、これら新製品の多くが環境対応型製品であること。2021年度を初年度とする中期経営計画で、サステナビリティ経営の推進を掲げた同社は、この動きを一段と加速。昨年度の新製品開発の9割までが顧客の環境負荷低減につながる製品になっている。例えば、排水ゼロを実現した少量塗布型ダイカスト用離型剤や、環境負荷低減に貢献できる低VOC（揮発性有機化合物）型ホットメルト接着剤などを開発、拡販中だ。両角社長は、「収益も大事だが、持続可能な社会の実現に向けた取り組みは最重要課題」

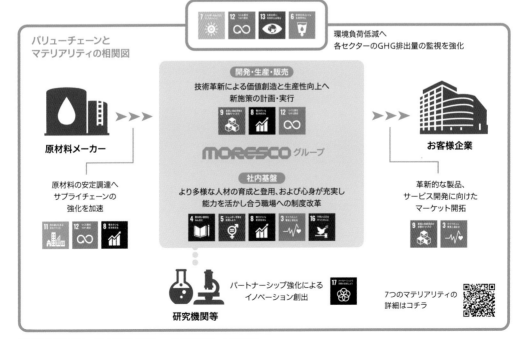

MORESCOの7つのマテリアリティ（重要課題）の相関図

有機薄膜太陽電池（OPV）

マルチチャンバータイプのガス・水蒸気透過度測定装置

本社外観

と断言する。

環境関連に加え、情報関連、エネルギーデバイス、ライフサイエンスの4分野を軸にオンリーワン製品の開発に挑む。すでに次世代太陽電池として期待される軽くて曲げられる有機薄膜太陽電池（OPV）や水素社会の実現をにらんだマルチチャンバータイプのガス・水蒸気透過度測定装置など、エネルギーデバイス分野で有望製品が誕生しているほか、ライフサイエンス分野では得意の有機合成技術を生かし、大学との連携によって低分子アレルギー薬の創出や細胞が若返るオートファジー活性化薬の開発に取り組んでいる。

成長戦略のもう一つの要が、グローバル展開。現在、中国・アジア、北米に9拠点を構え特殊潤滑油、ホットメルト接着剤を中心に事業展開しているが、現地での開発体制を強化して、現地ニーズに的確に対応し受注拡大につなげる。さらに中国では、海寧市に新会社を設立し既存の特殊潤滑油生産拠点を集約して生産効率を引き上げる。2021年度、38%の海外売上高比率を今後50%程度に引き上げていく方針だ。

チームで働くことを重視

国内400人弱の社員のうち、おもに研究開発に携わる技術系の社員は100人を超す。「技術系の比率が高く、海外勤務を希望する社員が比較的多い。インド拠点の立ち上げで現地に単身赴任した女性社員もいる」（両角社長）。またチーム力を高め、チームで活動す

ることを重視しており、数年前にスタートした「スタープロジェクト」では、自分のやりたい研究テーマが社内承認されると、事業部横断のチームを編成して研究開発に当たることも可能。

社員の健康維持・増進に関する取り組みを進め、健康経営優良法人に認定されているほか、ワークライフバランスに必要な時短勤務やフレックスなどの制度も整え、育休制度を活用する男性社員も少なくないというから、働きやすさと風通しは良好のようだ。この3月に制定した新経営ビジョンのキャッチフレーズも、基本部分は社員らが考案したという。若い力と活気みなぎるMORESCOの挑戦が本格化しそうだ。

| わ | が | 社 | を | 語 | る |

代表取締役社長 CEO
両角 元寿氏

地球にやさしいオンリーワンを世界に届ける

当社は特殊潤滑油や合成潤滑油、ホットメルト接着剤などを開発・製造・販売する研究開発型の化学品メーカーとして、様々な用途の製品を提供してきました。独自の合成技術によるオンリーワンの合成潤滑油をはじめ、ニッチな分野で活躍し、世界のトップシェア製品に成長した製品も数多くあります。世界が持続可能な社会の実現に向けて大きく動き出したいま、当社

はサステナビリティ経営の推進と事業構造の変革に取り組む必要があります。新経営ビジョンの「地球にやさしいオンリーワンを世界に届けるMORESCOグループ　未来のためにもっと化学　もっと輝く」を踏まえ、日本、世界から期待される役割や責任に応えていく企業を目指します。

会社DATA

所 在 地：神戸市中央区港島南町5丁目5-3
設　　立：1958（昭和33）年10月27日
代 表 者：両角 元寿
資 本 金：21億18,294,000円（東証プライム市場）
従業員数：384名（2022年2月末時点）
事業内容：特殊潤滑油、合成潤滑油、素材、ホットメルト接着剤、エネルギーデバイス
　　　　　材料などの開発、製造、販売
U R L：https://www.moresco.co.jp/

ものづくり
マシン・マニュファクチャー
医薬・化学
商社・サービス
建設・住設
社会インフラ

株式会社オフテクス

コンタクトレンズケア用品のリーディングカンパニー
——世界的に市場が成長する視力矯正レンズ向けケア用品が急伸

ここに注目！ ポビドンヨードの除菌力がオルソケラトロジーレンズのケアにマッチ
眼科隣接販売店のケア用品では既にシェア50％超。残るドラッグストア市場の攻略へ

医療分野の公的研究機関や大学、企業が集積する「神戸医療産業都市」に立地する株式会社オフテクス。コンタクトレンズケアに特化した研究所を保有し、消毒剤や洗浄剤、保存液の研究を積み重ねている。これら製品は、ドラッグストアで数多くのメーカーの製品と並べば外観上からは区別しにくいが、実は中身は大きく異なる。眼科隣接販売店で同社が50％超と圧倒的シェアを持つのは、プロにその効果が認められている証左だ。ケア用品市場はいま、レンズの多様化とともに、変化の兆しが見える。就寝中に装着して視力矯正する「オルソケラトロジーレンズ」の需要が中国や韓国を筆頭に世界で急増。高い洗浄力など機能性が求められる、この特殊レンズのケア市場の拡大が、同社にとって追い風となっている。

中国・韓国市場で
年率30％増の成長を持続

オルソケラトロジーとは、就寝中に特殊コンタクトレンズを装着し、角膜形状を正常な屈折状態にクセづけ、日中を裸眼で過ごすための治療法。日本ではまだ黎明期だが、近視の子どもを減らそうとする中国などでは国策として推進している。角膜をクセづけるレンズの仕組みは、眼に接する面のカーブや特殊な凹凸。レンズの構造上、汚れなど付着物が残留しやすく、ケア用品の機能性が問われる市場だ。

オフテクスは近年、中国と韓国において、ケア用品や1回使い切りタイプの目薬で年率30％増の成長を持続。2019年にオランダのレンズメーカーを買収し、ケア用品の流通網を確保した欧州でも市場の伸びを見込むほか、米国などその他地域にも今後積極的に参入していく計画だ。

同社はこれまで、こすり洗い不要の酵素洗浄剤や、高い消毒力を持つポビドンヨード（ヨウ素）を使ったケア用品など、世界初の製品を多く生み出してきた。「はっきりと有効性の違いが出る製品に長年こだわってきた成果」（米田穣社長）が、特殊レンズ市場にマッチし、世界各国の市場へ食い込む絶好の機会が訪れている。

伝え方、見せ方の改革へ

一方、足元の国内市場でも、同社の動きに変化が表れてきた。これまでの同社のイメージは、いわば"玄人受けする製品"。学会発表や論文を紐解けば、成分や機能性の違いは一目瞭然だが、一般消費者がそれらに触れることはない。このため、ドラッグストア向けのシェアでは業界6位と後塵を

青空に映えるモダンな神戸本社社屋

cleadew O₂ 30日分セット

cleadew ハイドロ：ワンス
テップ 28日分セット

leadew プロケア ソリューション
360ML 2Pセット

拝しているのが現状だ。

しかし、これが市場の開拓余地でもある。米田社長は「伝わらなくては意味がない」と、コミュニケーション施策にも力を入れる。2021年に「クリアデュー」ブランドを刷新し、新たに女優の芦田愛菜さんをイメージキャラクターに起用。ケア用品はどれもあまり変わらないと思っているユーザーに対し、気づきを与えるTVCMを展開し、消費者へブランドを訴求し始めた。

使用して初めてわかるのが、機能性。それを未使用の消費者に伝えるのは容易なことではない。例えば、各社が一様に謳う「潤い」

を出すために使用するのがヒアルロン酸。同社は通常のヒアルロン酸に疎水基を加えた機能性ヒアルロン酸を用いているため、涙に流されることなくレンズ表面に留まり、保湿力を持続させている。これをパッケージのみで表現することは難しく、手に取ってもらうにはブランドイメージも重要だ。

また、同社は国内で2社しか販売していない、2種類の消毒成分を配合したマルチパーパスソリューションを持つ。分子量の異なる2種類の消毒成分を配合することで、バイオフィルム（微生物が個装表面に形成した集合体）やアカントアメーバなど、多様な微

生物に対応可能となった処方だが、まだ消費者に浸透したとは言い難い。このため、同社は、ドラッグストアへ消毒成分2種類配合タイプを他製品と区別する棚の見せ方を提案し、今秋にも攻めの営業に転じる。

遠近両用レンズの浸透や、近視の若年齢化によって、人生におけるコンタクトレンズの使用期間は長期化している。「店頭に並ぶ製品をより良いものに置き換えていかねばならない」。米田社長は、ケア用品を担うメーカーとしての使命を語り、「専門店だけでなく、ドラッグストアでもシェアトップになる」と目標を定める。

| わ | が | 社 | を | 語 | る |

代表取締役社長
米田 穣氏

眼科医と連携し、科学的な研究によって多くの人に有益な製品を開発

オフテクスは、1981年の創業以来、「創意工夫と挑戦」という理念を掲げ、独自の製品開発にこだわってきました。他社を追随するのではなく、違いの出る製品を生み出すのが常に目指すところ。消毒効果に優れたポビドンヨードを世界で初めてコンタクトレンズケアに用いたのは、その一例です。

眼科医と連携し、臨床と基礎の両面

から研究しているのもオフテクスの強み。人が実際に使用したコンタクトレンズをサンプルとして入手し、科学的な研究によって、多くの人に有益な製品の開発に結びつけています。

長い人生、眼の機能を健やかに維持することはとても重要なこと。私たちはトータルアイケアカンパニーとして眼の健康をサポートしていきます。

会社DATA

所　在　地：神戸市中央区港島南町5丁目2番4
設　　　立：1981（昭和56）年6月
代　表　者：米田 穣
資　本　金：1億円
従業員数：206名（2020年5月1日現在）
事業内容：コンタクトレンズケア製品（消毒剤・洗浄剤・保存液等）の開発・製造・販売・輸出、眼科医薬品の開発・製造・販売
U　R　L：https://www.ophtecs.co.jp/

▲ 神戸合成株式会社

企画・開発・製造を一貫で手掛けるケミカルメーカー
── 市場のルールチェンジのたびに業界初製品を生み出す開発力

ここに注目！ 系列を超えた顧客拡大戦略。各企業との取引を徐々に大きくする第2フェーズへ
20年ぶりベア実施でモチベーションアップと採用強化

本田宗一郎氏に見いだされ、本田技研工業の純正採用を契機に自動車用ケミカル品メーカーとしての礎を築いた神戸合成株式会社。現在はトラック、バイク含め12メーカーと取引し、建機・農機、船舶ほか、一般産業用で計約300種のケミカル品を展開している。特筆すべきはその数だけではな

い。神戸合成の強みは、それらがオリジナルであり、企画から開発、製造まで一貫して手掛けるODMで供給していることにある。特許もすべて自社で保有しているため、他社は製造できない。容易に取って代わられないポジション。宮岡督修社長は「それが競合他社と違うところだ」と自負

する。

変化を先読みして開発した「不燃性ブレーキクリーナー」が市場シェア10％に迫る

開発力を高めたのは、環境規制でたびたび起こる化学品市場のルールチェンジの歴史。禁止される素材がある一方、新たなニーズが生まれる中、多くの業界初の製品を生み出してきた。

象徴的な製品がブレーキクリーナーだ。車検時の分解洗浄で作業員が粉塵を吸い込まないよう、業界で初めて開発した。しかし時代が進むと、今度は主成分であるトリクロロエタンがオゾン層破壊につながるとされ使用禁止に。代替としてイソヘキサンを使った製品へと市場は移行した。しかし可燃性で気化しやすいイソヘキサンは安全性で問題があると判断した同社は、いち早く不燃性の「ゼロファイアー」を開発した。

現時点で、イソヘキサンを使ったタイプは規制されているわけではなく、市場では不燃性と可燃性が混在している。素材の違いから製品末端価格で約10倍の開きがあるにも関わらず、ゼロファイアーは発売後約6年で市場シェア10％近くに迫っている。

可燃性製品による引火事故は未だ後を絶たない。コスト抑制のために整備工場の人員や近隣住民のリスクを放置しても許される時代ではなく、宮岡社長は「いずれ市場は不燃性にすべて置き換わる」と見る。神戸合成は市場変化のたびに、新ルールに適合する製品を

業界初製品「不燃性ブレーキ＆パーツクリーナーZEROFIRE」

社員旅行「世界遺産の旅／知床半島」

営業本部　商談風景

生産本部　製造グループ

本社外観

即座に開発する力を蓄えただけでなく、"チェンジ"を先読みして開発するメーカーへと変貌しつつある。

製品開発支えるマーケティング。「売るより、聞く」が営業の仕事

一方、同社が得意とするODMは技術だけでなく、マーケティング力も必須。それを支えるのが営業だ。同社の営業は「売る、というより聞くのが主」。全国のディーラーを廻りメカニックやユーザーの「こういう製品があったら」を収集し、開発チームに繋ぐことで「外さないマーケティング」を志向している。

「とは言え、外してしまったこ

ともある」と、宮岡社長は失敗談を明かす。現在、同社のロングセラーとなっているボディ用ガラスコーティング剤は、当初はまったく売れなかった。敗因は、性能を追求するあまりに完全な無機にしたこと。無機のガラスは耐久性が高く、撥水せず水になじむ親水性。「雨が降ればべたーっとなじんで汚れは綺麗にとれるのだが、ワックスのように水を玉のように弾く見た目の高級感がなかった」（同）。しかしそこで諦めたわけではない。無機の表面に有機の撥水性構造を表出させるハイブリッドを1液で可能にする独自技術を確立して上市。いまでは主力製品になっている。

宮岡社長は、少子高齢化によっ

て縮小する国内自動車市場の現状と将来を冷静に分析し、その中でも成長する仕掛けを整えている。同社はかつて「良い技術があるならもっと世に問うべき」との考えで、早くから系列を超えた取引に着手し、ほぼ全メーカーとのパイプを構築した。まだ口座開設から間がなく取引が少ない顧客があり、逆にそれが伸びしろだという。「まずは一点突破。その後ろに300種の製品が控えている」と宮岡社長。独自技術の豊富な製品群で業界シェアを拡げる戦略だ。

｜わ｜が｜社｜を｜語｜る｜

代表取締役社長
宮岡 督修氏

未来永劫、技術のキーの部分を握れる会社へ

世界のあらゆる分野のトップメーカーに対し技術を問うてきました。小さな会社ですが、それが誇りです。未来永劫、技術のキーの部分を握れる会社でありたい。その実現で重要なのは人材です。神戸合成は2022年に設立60周年を迎え、20年ぶりのベースアップを実施しました。賞与による単年度での還元でなくベアを選択した背景には、もう一段成長する仕掛けが

整ってきたことがあります。すべての自動車メーカーと取引する、という目標もほぼ完成形に近づき、さらにタイへの進出計画も進めており、国内・海外の2軸で成長する体制の仕上げに入っているところです。変化する市場の中で、より広く、多くの企業・ユーザーへ、技術を問い続ける会社を目指しています。

会社DATA

所　在　地：兵庫県小野市匠台10番地
創　　　業：1956年（昭和31年）11月
設　　　立：1963年（昭和38年）1月
代　表　者：宮岡 督修
資　本　金：6,000万円
従 業 員 数：30名
事 業 内 容：自動車・二輪車用純正メンテナンスケミカル製品の開発・製造・販売
　　　　　　プラスチック成形金型用メンテナンスケミカル製品の開発・製造・販売
　　　　　　エアゾール充填加工
U　R　L：https://www.kobe-gosei.co.jp/

第一稀元素化学工業株式会社

〝稀な元素〟ジルコニウムの可能性を引き出し続けるパイオニア
——半導体・エレクトロニクス、エネルギー、ヘルスケアを戦略分野に研究開発を加速

ここに注目！ 主力の自動車排ガス浄化触媒材料で世界シェア 40％
EV 化に対応、戦略分野の研究開発を加速

自動車排ガス浄化触媒材料や電子部品材料、歯科材料—。1956年の創業以来〝稀な元素〟であるジルコニウムの可能性を引き出し続け、トップメーカーの地位を確立したのが、第一稀元素化学工業株式会社だ。同社の製品はさまざまな特性を持つ機能性材料として、世界中の触媒メーカー、セラミックスメーカー、部品メーカーなどで採用されている。今や生活の至る所にジルコニウムが使われているが、創業当時はジルコニウムの特性は十分に解明されておらず、需要もほとんどなかったという。だが同社は「誰も手をつけていないからこそ、我々がやる」という創業者精神で研究開発を続け、耐熱性や高靱性、生体適合性、耐薬品性などのジルコニウムの優れた特性を一つ一つ明らかにし、事業の成長につなげてきた。

現在の主力製品は自動車排ガス浄化触媒材料で、世界シェアは約40％（同社推定）。だが高いシェアに甘んじることなく、同社を取り巻く環境の変化を的確に捉え、新たな成長市場を取り込むための製品開発に着実に取り組んでいる。

さらに広がるジルコニウムの可能性

自動車排ガス浄化触媒材料が必要な内燃機関搭載車は、当面は需要増加を見込むものの、電気自動車（EV）の普及で長期的には縮小が見込まれている。今後10年に起こる大きな環境変化を乗り超

えるそのため、中期経営計画「DK-One Next（2022年度〜2031年度）」を始動。同計画では「半導体・エレクトロニクス」「エネルギー」「ヘルスケア」を戦略分野と定め、研究開発を加速させることで新たな事業の柱の構築に取り組んでいる。研究開発拠点である大阪事業所（大阪市住之江区）ではリニューアル工事が進められており、2023年には同事業所内で新しい研究開発施設が稼働する予定だ。これを活用し、EVの普及で需要増加が見込まれるリチウムイオン二次電池（LIB）材料などの研究開発を加速する。また次世代エネルギーとして注目さ

ジルコニウム化合物

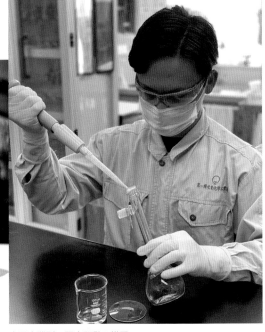

大阪事業所：研究開発の様子

大阪事業所：議論を交わす仕事風景

福井事業所：事業所内に設置されている固体酸化物形燃料電池

本社：玄関ではマスコットキャラクターがお出迎え

れている水素を利用するための技術開発にも注力する。すでに水素と酸素の化学反応で発生した電気を取り出す「燃料電池」の重要部材である「電解質材料」を手がけており、実績は多い。その他の取り組みとして、同社が大学や高等専門学校などの研究者・教職員向けに助成金を支給する制度を2018年度から実施している。同助成制度をきっかけに共同研究に至った事例もあり、新規事業の創出に向け期待が高まっている。

2050年のカーボンニュートラルの実現に向けて、ジルコニウム化合物の用途も拡大していく。今後、同社が活躍する分野は、ますます広がっていくだろう。

チャレンジできる企業風土

第一稀元素化学工業は、人材育成や、働きやすい環境作りに注力している。社員からは「経営者との距離が近く、意見を分け隔てなく聞いてくれる」などの声が挙がっており、ボトムアップの雰囲気や、風通しの良さが伺える。雰囲気の良さは数字にも表れており、離職率は約2％（2021年度）と低く、女性の育休からの復帰率も100％だ（2002年度以降）。

新入社員に対しては、入社3年目程度の先輩社員によるメンター制度を導入している。仕事の指導だけでなく、先輩社員が親身になってコミュニケーションを行うことで、新入社員が抱える不安の

解消にもつなげている。また、2022年度からは"飛び級"で一段階高い職務レベルの研修を受けられる制度を導入した。これまでの「ステップアップしたい人のモチベーションの高さをくみ取り切れていなかった」という反省からだ。こうした施策の背景にあるのは、創業以来、受け継がれてきた同社の企業風土だ。「チャレンジ精神を持つ、チャレンジするメンバーを周囲が全力で支援する、多様な働き方や価値観を尊重する」風土を、同社では「キゲンソらしさ」と定めており、これからも大切に育んでいく方針だ。

｜わ｜が｜社｜を｜語｜る｜

代表取締役社長執行役員
國部 洋氏

稀な元素とともに、「100年企業」へ

当社には、創業以来、大切に受け継いできた経営理念「三価値」があります。独創的で付加価値の高い製品「価値あるもの」は、キゲンソらしさを体現する仲間がいる「価値ある職場」で働き、「価値ある人生」を送る者の手によって生み出されるという内容です。今後10年で、当社を取り巻く事業環境は大きく変化することでしょう。その変化を乗り切るためには、「新しいことをやってみよう、チャレンジしてみよう」という人と、その人をサポートする人たちの手により、常に新たな事業が創出され続けることが必要です。

当社のビジョン『稀な元素とともに、「100年企業」へ』を胸に、これからもジルコニウムの無限の可能性と真摯に向き合いながら、永遠に世の中に必要とされる企業グループであり続けます。

会社DATA	
所　在　地	大阪市中央区北浜4丁目4番9号
設　　　立	1956（昭和31）年5月21日
代　表　者	代表取締役社長執行役員　國部 洋
資　本　金	7億8710万円
売　上　高	293億円（2022年3月期、連結）
従業員数	533名（連結）（2022年3月31日現在）
事業内容	化学工業製品の製造・販売
U　R　L	https://www.dkkk.co.jp/

▲ 大和化成グループ（大和化成株式会社／株式会社大和化成研究所）

世の中にないものを創り出すケミカルイノベーター
——商事部門と研究開発・製造部門のシナジーパワーで市場ニーズに対応

ここに注目！ ノンシアン銀めっきに代表される先進かつ独創的な製品開発力
エコ、ニッチ、グローバルの明快かつぶれない事業戦略

装飾具や食器のほか電気部品など、様々な用途で使用される銀めっき。工業用に用いられる銀めっきの主流は毒性の強いシアン化合物が使用されるが、1989年に世界で初めてシアン化合物を一切使用しないノンシアン銀めっき液を開発、実用化したのが株式会社大和化成研究所だ。現在ではシアン浴にはない性能を付加し、シアン以上の経済性と利便性を実現。環境負荷の低減に貢献するめっき液として、半導体リードフレームの表面処理など、幅広い分野で採用されている。

商社機能とメーカー機能を結集

情報力とノンシアン銀めっきに代表される独創的な製品や技術で、1963年の創業以来、着実に成長してきた大和化成グループは、大和化成株式会社の商事部門と、大和化成研究所を中心とする研究開発および製造部門の3つの機能を合わせ持つ企業グループ。「商社の情報収集力を生かし、研究開発とメーカー機能がうまく重なり合って、自社開発製品と他社扱い製品をバランス良く提供してきた」と語るのは、大和化成グループの平田融作代表。2021年に逝去した創業者の奥濱良明氏の後を継ぎ、グループの陣頭指揮を執る。

事業戦略は「エコ」、「ニッチ」、「グローバル」と明快だ。省エネや環境汚染対策にも役立つ製品を「めっき」「防錆」「合成化学」というニッチな3分野に開発テーマを絞り込み、国内外のユーザーに幅広く提供する。得意とするめっき分野では、ノンシアン銀以外にも電子・半導体関連のスズ・スズ合金めっきや鉛フリー対応めっき液など、環境負荷低減に貢献する

めっき液を中心に国内トップクラスの技術を持つ。防錆分野では、油を塗らずに金属の錆を防ぐ気化性防錆剤をベースに、顧客ニーズに対応した多様な製品を開発。特に国際物流における輸送や保管用途で活躍の幅を広げている。

世の中で、いま何が必要とされているか。大和化成が集めた最新の市場情報をもとに、大和化成研究所がニーズにマッチした製品を開発製造しタイムリーに提供する。それが大和化成グループの成長の方程式。最近では、北欧住宅の樹脂サッシの経年劣化に着目した紫外線吸収剤が好調だそうで、平田代表は「エコ、ニッチ、グローバルの事業戦略が、時代の変化に合ってきた。まさに時代を先取りした動きでもあった」と説明。今後も、ニッチでエコな製品を軸にグローバル展開を加速させていくとともに、社内の環境負荷

神戸市兵庫区にある本社ビル

本社オフィスにはフリーアドレスを導入

兵庫県明石市にある大和化成研究所 明石工場・研究開発センター

研究所内にある品質保証部ラボ

台湾工場

低減も推進。医農薬中間体原料を製造するグループ会社の三和化学工業の原町工場（福島県相馬市）に、発電出力2メガワットのメガソーラーパネルを設置し、売電だけでなく自社利用も検討していく。

研究職だけでなく営業職、製造職の採用も積極化

一方、人材採用はこれまで修士課程卒の研究職が主体。「研究所は40代のトップを筆頭に若い人が多く、大学の延長みたいなアットホームな雰囲気。プロ意識という面ではちょっと問題かもしれないが、それがいい部分でもあるし魅力でもある」（平田代表）。ただ、今後は営業職や製造職の採用も積極化していく考えで、特に商事部門の大和化成は、海外企業と直接やりとりするなど一気通貫で貿易業務を行うケースも多く、「海外志向のある人にはやりがいのある職場」でもある。現在、台湾、シンガポール、タイと中国に現地法人を構えるが、インドまでを見据えたアジアビジネスを強化していくためにも、グローバル人材の育成が急務になっている。

働き方改革も急ピッチ。平田代表は「働き続けたいと思ってもらえる職場づくりは欠かせない。昇給昇格など制度部分も含めて抜本的に取り組む」ときっぱり。例えば、女性活躍の推進。すでに研究所には女性管理職が数多く在籍しており、そう遠くない時期に女性役員の誕生もありそうだ。

| わ | が | 社 | を | 語 | る |

グループ代表
平田 融作氏

人に喜んでもらえる製品や技術を開発

大和化成グループは、「ひとの真似をしない」ことを信条としてスタートし、常に社会を見つめ、時代の先の先を読み、人に喜んでもらえる製品や技術を開発し提供してきました。「まだ誰もやっていないこと、世の中にないものを共に連携して創りだし、人に喜んでもらうこと」。創業以来変わらない大和化成グループの理念を、私たちは「三創の精神（草創・独創・共創）」という言葉で表しています。世界は今、気候変動、資源やエネルギー、海洋汚染など、数々の大きな課題に直面しています。大和化成グループは、これまで培ってきた技術の力と斬新な視点、発想で、環境や社会の問題を解決し、快適な未来の実現に挑んでまいります。

会社DATA

＜大和化成株式会社＞
創　　　立：1963（昭和38）年12月16日
所　在　地：神戸市兵庫区下沢通2丁目1-17
資　本　金：8,880万円
事 業 内 容：表面処理薬品、防錆剤、有機薬品、無機工業薬品、紫外線吸収剤、光学フィルム用基材、電磁波シールド剤、電磁波吸収体、特殊工業用溶剤、二次電池用接合表面処理剤、食品及び食品添加物、飼料原料及び飼料添加物等の販売

＜株式会社大和化成研究所＞
設　　　立：1967（昭和42）年1月18日
所　在　地：神戸市兵庫区下沢通2丁目1-17
資　本　金：2,000万円
事 業 内 容：製造部門：気化性防錆剤、気化性防錆油、プラント用防錆剤一式、アルミニウム電解着色剤、有機合成薬品各種、天然抽出物、電磁波シールド材、電磁波吸収体、紫外線吸収剤、医薬・農薬中間体原料、ニトロ化等製造受託ほか
　　　　　　研究開発部門：表面処理薬品開発及び応用研究、有機合成薬品研究、技術サービス、特殊合金めっき薬品開発ほか

グループ従業員数：180名
U　R　L：https://www.daiwafc.co.jp

株式会社日新化学研究所

研究者が現場で問題解決する提案型セールスエンジニア集団
——日本の「モノづくり現場」を支える助剤のトップブランド

ここに注目!

社員のおよそ8割は化学やバイオの研究者という専門家企業
助剤を使い、部分でなく全体を改善する「ケミカルアプローチ」で差別化

製紙工場のような化学反応を伴うプラントは、どこか人体に似ている。一部で徐々に劣化が始まり、限界に達した部分から疲弊してトラブルとなる。株式会社日新化学研究所は、主に界面活性剤を駆使してプラントの「お困りごと」を解決する研究開発型企業だ。では、界面活性剤とは何か？水分と油分が分離しているドレッシングをよく振ると均一の液体になる。この均一化した状態を維持するのが界面活性剤の働きだ。同社は1939年に石鹸の材料だった鯨油を界面活性剤の原料として利用し、繊維産業向けに原糸に付着した油分を取り除く精練剤を開発した。

生産ラインのトラブルを界面活性剤で解決

その後、製紙会社から引き合いが来る。製紙工場は木材をパルプに加工し、紙を作っている。ところが木が持つ油分が製紙工程に残り、汚れや紙切れなどのトラブルを引き起こす。こうした不良の原因となる物質を「ピッチ」と呼ぶ。同社はこれを取り除く製紙工場向けの「ピッチコントロール剤」を全国で販売し、たちまち引っ張りだことなる。製紙工場には10以上の工程があり、同社はそれぞれの工程で最適のピッチ対策や泡対策を研究した。その結果、取扱製品も増えて製紙業界になくてはならない企業となっている。

製品づくりをスムーズに進行させ、工程でのトラブル防止や製品の品質向上に役立つ薬剤を「助剤」と呼ぶが、同社はこの分野のナンバーワン企業だ。助剤は使い方が難しい。例えば同じ製紙メーカーでも、工場ごとに木材原料の品質や用水の水質が異なるため助剤のレシピが変わるのだ。それどころか同じ製紙工場内ですら工業用水の配管の長さが違うだけでも、助剤を調整する必要があるという。実はこれが同社の「競争力の源泉」なのだ。同社社員のおよそ8割は化学やバイオの研究者。社内に営業部はなく、開発部のスタッフが顧客の工場を訪問している。だから極めて難しい助剤の選択と使用法を的確に助言できるのだ。

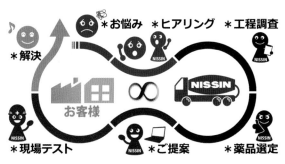

*お悩み　*ヒアリング　*工程調査
*解決
*現場テスト　*ご提案　*薬品選定
お客様

日新化学研究所が提唱するケミカルアシスタント図

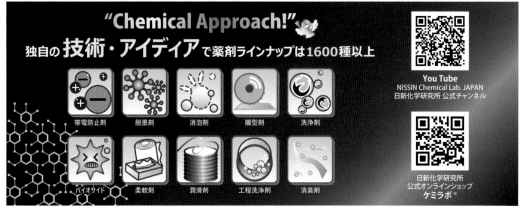

"Chemical Approach!"
独自の**技術・アイディア**で薬剤ラインナップは1600種以上

帯電防止剤　脱墨剤　消泡剤　離型剤　洗浄剤
バイオサイド　柔軟剤　潤滑剤　工程洗浄剤　消臭剤

You Tube
NISSIN Chemical Lab. JAPAN
日新化学研究所 公式チャンネル

日新化学研究所
公式オンラインショップ
ケミラボ®

お困りごと解決によるカスタマイズで製品ラインナップは多岐にわたる

JR私有タンクコンテナに充填された製品は全国の
お客様の元へ

令和2年第73回大阪実業団
対抗駅伝競走大会5部で2年
連続銅メダルを獲得

様々な最新分析機器が並ぶ心臓部の研
究開発棟

生産ラインのムダを排して SDGsに貢献

　社内では研究部が主導し、新製品の研究開発に取り組んでいる。研究部のスタッフも顧客企業に足を運んで製造現場のお困りごとやニーズを直接聞き取り、新しい製品やサービスの開発に役立てている。最近は営業所を研究所に増強し、工場を悩ませる異物の分析や洗浄方法の確立など、現場に近い場所でより迅速な対応ができるようになった。同社が目指すのは「社会のお役に立てる会社」であり、工場で発生する資源のムダを排除してSDGsの「持続可能な生産消費形態を確保する」の達成に貢献する。

　生産ラインの不良対応では低料金を打ち出して、目先のトラブルだけに対応する業者も少なくない。同社は顧客が「安物買いの銭失い」に陥らないよう長時間にわたりムダがなくなるような提案をしており、後で顧客が「しまった！」と後悔しないサポートに取り組む。加藤雄一朗社長は「われわれの仕事は東洋医学に似ている。悪くなったところだけを治すのではなく、全体を万全の状態で維持する」と話す。同社が目指すのはお困りごとの原因である問題を装置の交換や修理といった物理的解決ではなく、助剤で問題を解消する「ケミカルアプローチ」。物理的解決が外科手術だとしたら、ケミカルアプローチは内科的な治療だ。この手法が高く評価され、2014年に「製紙業界のノーベル賞」とも呼ばれる紙パルプ技術協会の「佐々木賞」を機械メーカー以外で初めて単独受賞した。

　さらに、脱プラスチックとして期待される新素材のセルロースナノファイバー（CNF）の用途開発にも取り組むなど、あらゆるモノづくり現場で、同社のセールスエンジニアが活躍している。同社の助剤の顧客は、製紙、繊維、印刷、日用品、金属加工、建材、化粧品、食品、プラスチック、ゴムなど多岐にわたり、同社が活躍する舞台はますます広がっている。

| わ | が | 社 | を | 語 | る |

代表取締役社長
加藤 雄一朗氏

▶AR再生

提案型セールスエンジニア集団として社会に貢献

　我々は短期的な急成長よりも「永続的発展」を重視しています。そのためには社員の長期的な成長が欠かせません。社員一人ひとりが「やってほしいこと」と「達成レベル」を「人財育成基準書」に明記しています。入社1～2年目の社員には年齢の近い先輩がOJT担当として分析手法など業務上必要な知識と技能をしっかり教える仕組みです。リーダーになった時の教育など、社歴と経験に応じたフォロー教育も実施しています。このような自ら開発や改良に当たる人財が現場に足を運んでお客様のお困りごとをヒアリングし、分析による問題の特定から薬品の選定、改善方法の提案、現場での有効性評価を経て問題解決する「提案型セールスエンジニア集団」として社会に貢献していきます。

会社DATA

所　在　地：大阪府高槻市大塚町1-2-12
創　　　業：1931（昭和6）年3月1日
設　　　立：1955（昭和30）年2月1日
代　表　者：加藤 雄一朗
資　本　金：7,500万円
従 業 員 数：80名（2022年2月現在）
事 業 内 容：界面活性剤、油脂化学品を含む有機化学品および無機化学品の開発・製造・
　　　　　　販売
U　R　L：http://www.nissin-kk.co.jp

◢ 日本バルク薬品株式会社

薬機法と合成に精通する原薬専門商社
——スピーディーな申請、高度な品質管理、安定供給で人々の健康を支える

同社初の大型投資を実施
働きやすい環境づくりが総仕上げの段階に

人生100年時代と言われる現代社会。この実現には医療や医薬の進歩が欠かせなかったことは多くの人が知るところだが、その周辺を取り巻く企業もまた進化し続けていることはあまり知られていない。医薬原料の専門商社である日本バルク薬品株式会社もその1社だ。医薬品医療機器等法（旧薬事法）に精通したスピーディーな申請と、高度な品質管理、安定供給を担い、国内外約500メーカーの原薬・医薬企業の間を繋ぐことで、人々の健康を守っている。2021年には、同社53年の歴史で初となる大型投資を実施し、最新の分析装置を完備した倉庫「L＆Aセンター」を稼働させた。医薬業界の変化を見越し、対応への布石を打っている。

薬機法と合成に精通するプロ集団

仕入先の原薬メーカーや、顧客の医薬メーカーは、ともにプロ。媒介する専門商社も、法律や合成、発酵など様々な相談を受けられるプロ集団でなければならない。日本バルク薬品は全従業員の3分の1が専門員と、その比率の高さが特徴だ。2005年の薬事法（現薬機法）改正では、手続きなどが煩雑化した日本市場への販売に難色を示す海外原薬メーカーに対し、薬事法に精通した体制を説明してまわり、多くの契約を獲得した。外国製造業者認定の申請代行や、DMF（原薬等登録原簿）を引き受ける国内管理人認定は80品目に上り、いまなお年間1、2品目ずつ増やしている。

少量で高価な高薬理活性原薬の取り扱い体制を整備

着実な成長を続けている日本バルク薬品だが、平田公秀社長は「将来、事業環境は厳しさを増すだろう」と気を引き締める。背景にあるのは、国策として続けられている薬価の引き下げだ。医療費の圧縮は、高齢化率が高まる日本で社会保障を維持するために重要な施策。しかし、医薬メーカーや関連業種が、品質管理と安定供給を堅持することが年々難しくなっていく側面もある。

このため、日本バルク薬品は体

日本バルク薬品株式会社L_Aセンター（L&Aセンター）

立体自動倉庫(L&Aセンター)

試験室（L&Aセンター）

本社外観パース（2023年7月完成予定）

制強化を狙い、15億円を投資して「L&Aセンター」を設置した。新たな自動立体倉庫は、多様な荷姿に対応した低棚・中棚・高棚を組み合わせ、システム上可視化することで多数の規格の原薬を任意の場所へ効率的に保管。また、業務基幹システムと物流管理システムを連携させ、出納（販売管理）と入出庫を一元管理できるようにした。

また、一般的に原薬専門商社は試験を外部委託することが多いが、同社は原薬を保管する同センターに分析装置を集約し、さらに新規装置を増設することで試験の効率化と能力増強を図った。

一方、今回導入した分析装置のラインアップには、日本バルク薬品がめざす姿が表れている。密閉された空間で試験・分析する高度な装置、アイソレータが2基。国が決める薬価の引き下げが避けられない中、より高度な装置の導入で、将来は抗がん剤や制がん剤、ステロイド剤といった、少量で高価な高薬理活性原薬の取り扱いを始め、収益力を維持する考えだ。

成長の道筋をつけた平田社長は、就任10年目。「すべての社員が気持ちよく働ける環境づくりがトップの仕事」とし、大手企業と遜色ない給与・福利厚生制度に加え、夏・冬の賞与への特別賞与の上乗せや、会社や社長からの中元・歳暮などで、きめ細やかに報いてきた。人員の少ない職場でありがちな休みにくさを払拭するため、ジョブローテーションを実施して業務内容を共有化し、フォローできる体制づくりも進めている。

現在、建築中の新本社ビルは「総仕上げ」だと言う。無機質なブラインドやスチールデスクを使わず、窓のフェイクグリーンで木漏れ日のような光がさすリラックス空間が2023年7月に完成する予定だ。成長への布石と、それを担う社員の働く環境づくり。2つが揃い、同社のエンジンが加速し始めようとしている。

医薬・化学

商社・サービス

建設・住設

社会インフラ

｜わ｜が｜社｜を｜語｜る｜

代表取締役社長
平田 公秀氏

倉庫も本社も町全体も—。　環境を創り、人を創る

日本バルク薬品には、社是や社訓がありません。ブランディングは社員がつくるもの。顧客と真摯に向き合い、長い時間お付き合いする中で、自然とブランドが創られるのです。

このため、大切な社員たちが働く環境創りを常に意識してきました。弊社が2、3社目という転職者も65歳まで勤め上げてくれる人が多いことから、その成果を実感しています。

また近年では、倉庫や本社といった自社拠点の環境創りにとどまらず、より広い観点で、本社がある道修町のまちづくり協議会にも参画し、屋上緑化でぶどうを栽培し、ワインを醸造しています。緑や自然の癒し効果は仕事にも影響します。環境創りは人創り。未来につながるものだと考えています。

会社DATA	
所 在 地	大阪市中央区道修町三丁目1番12号
設 立	1970年（昭和45）年4月
代 表 者	平田 公秀
資 本 金	7,200万円
従 業 員 数	47名（2022年4月1日現在）
事 業 内 容	医薬品原料、動物用薬品、健康食品素材、化粧品原料、工業薬品販売
U R L	https://www.nippon-bulk.co.jp/

神鋼商事株式会社

モノづくりを支え社会に貢献するメーカー系の鉄鋼商社
——鉄、非鉄、機械など多彩なビジネスをグローバルに展開

ここに注目！ 鉄鋼を軸にしたモノづくり商社機能と循環型社会に貢献する環境関連ビジネス
主体的な行動と新たなチャレンジを奨励する新教育・人事制度

　神鋼商事株式会社は、鉄鋼を主な商材とする鉄鋼商社の雄。神戸製鋼所関連の取引を中核事業とする一方、バイオマス燃料、リサイクルなど時代のニーズに応える環境ビジネスにも力を入れている。長期経営ビジョンで掲げた「明日のものづくりを支え、社会に貢献する商社」を有言実行し、鉄鋼を中心としたモノづくり商社として、新たな成長発展を目指している。

制度刷新で主体的・自主的社員を育てる

　2022年4月に教育・人事制度を刷新した。「自ら学び、行動する人を育成・評価する」のが主眼で、社員の主体的な行動が企業の成長に直結するとの考えによるものだ。具体的には自己学習の奨励・支援、多面評価の導入、ジョブローテーションの活性化、キャリアコースの複線化などに取り組む。自己学習ではeラーニングをはじめとする動画学習機能を整備し、学びの効率化を後押しする。また、多面評価で本人の気付きを促し、より適切な評価につなげる。さらに複数分野の仕事を経験してもらうことで、各人に最適なジョブを見い出してもらう狙いだ。

　「社風に染まるな」。新入社員や若手社員に向けて、森地高文社長が投げ掛けている言葉だ。昭和や平成の時代とは明らかに異なる令和の時代、前例踏襲を脱してみずからチャレンジしていける人材が不可欠との想いが読み取れる。

バイオマス、リサイクルで時代のニーズに応える

　鉄鋼商社でありながら事業領域は多彩だ。現在、鉄鋼、鉄鋼原料、非鉄金属、機械・情報、溶材の五つの本部を設け、それぞれの事業領域を深掘りしている。今後需要拡大が期待できる東アジア（中国）、アセアン・インド、北米を中心に海外市場の開拓に拍車をかけている。特に注力しているのがSDGsや環境・エネルギーに関連する取り組み。その代表格がPKS（パーム椰子殻）や木質ペレットを発電に生かすバイオマス

バイオマス燃料の安定供給

蘇州神商有限公司の太陽光パネル

アルミ水平リサイクル

人事採用担当：求める人材は、好奇心、チャレンジ精神、情熱をもった方です

燃料事業だ。ベトナムやマレーシアからPKS、木質ペレットを輸入し、バイオマス発電所などに供給している。今後もバイオマス燃料関連ビジネスを伸ばし、2030年にバイオマス燃料全体で年間約50万㌧の取り扱いを目指している。

リサイクル事業も加速している。従来から行っている市中から回収した鉄・アルミ・銅スクラップの売買に加えて、例えば、水平リサイクルとなる自動車材アルミスクラップの選別などといった事業で実績を上げている。「資源を再利用し、循環型社会に貢献するプラスαのソリューションが当社の大きな強み」としている。

鉄鋼商社はメーカー系、総合商社系、独立系の3タイプに分類できる。同社はもちろんメーカー系で、「神戸製鋼所の製品を取り扱う」という安定基盤を持つ強みがありつつも、商社としてグループ製品以外の商材ビジネスにも幅広く取り組んでいる。現在は神戸製鋼所とそれ以外の比率がおよそ半々の状況だ。

平成から令和へ移った今、当時神戸製鋼所の6代目社長であった浅田長平が予見した「商社がメーカーをリードする時代」が到来しているのかもしれない。

新卒採用は毎年、数十人規模。中途採用にも力を入れている。海外子会社は現地採用が基本で、グループ全体として、ダイバシティーに富んだ企業集団を形成している。欲しい人材は「好奇心、チャレンジ精神、情熱をもった人」（人事部）とのこと。変革期を迎えている同社にはチャレンジ精神ある人がぴったりフィットしそうだ。

| わ | が | 社 | を | 語 | る |

代表取締役社長
森地 高文 氏

明日のモノづくりを支え
社会に貢献する商社として、私たちが目指すもの

当社では、10年後のありたい姿として描いた「ものづくりを支え社会に貢献する商社」の実現に向け、2023年に向けた3年間の事業戦略と経営指標を策定いたしました。

全体戦略として【収益力の強化】、【投資の促進】、【商社機能の強化】の3つを掲げ、経営基盤の強化を目指してまいります。

あらゆる変化をチャンスと捉え、安定収益基盤に一層磨きをかけながら、地球環境に配慮したSDGsへの取り組みを加速し、さらなる成長を果たすため、『新しい世界・新しい時代・新しい価値』の創造に挑戦し続けます。

※ご参考：https://www.shinsho.co.jp/ir/policy/

会社DATA

所 在 地：	[大阪本社] 大阪市中央区北浜2-6-18 淀屋橋スクエア
	[東京本社] 東京都中央区京橋1-7-2 ミュージアムタワー京橋
設　　立：	1946（昭和21）年11月
代 表 者：	森地 高文
資 本 金：	56億5,028万円（東証プライム上場）
売 上 高：	4,943億5,100万円（2022年3月期）
従業員数：	[連結] 1,497名　[単体] 498名
事業内容：	鉄鋼、鉄鋼原料、非鉄金属、機械、情報産業、溶材各製品の売買及び輸出入
U R L：	https://www.shinsho.co.jp/

▲ セルカム株式会社

デジタルプリント技術で日本のモノづくりの大転換目指す
──ディスプレーやアパレル、包装など新たなプリント技術を提案

ここに注目！ 社員の3分の1はエンジニア。ユーザーの新ビジネス支援の原動力に
東京・羽田イノベーションシティに進出し、情報発信を一段と強化

セルカム株式会社は、産業用の大型インクジェットプリンターを使った印刷ビジネスの新たな仕掛けをシステムとしてディスプレー製作会社などに売り込む会社だ。したがって業態は商社。国内外のプリンターやプロッターメーカーからそれぞれに特徴を持った機器を仕入れ、ソフトウェアを組み合わせ、セルカムならでは製作・加工方法を編み出し、ユーザー企業がアイデアを具現化するまでをシ

ステムとして提供する。そして、システム納入後のアフターメンテナンスや交換部品・資材、印刷対象の媒体となる資材を継続的に供給する。ユーザー企業が何を作りたいのか、何を表現したいのか、どう訴求したいのかを汲み取ったうえで、ユニークな一連のシステムを提案していくところに強みがある。

エンドユーザーの嗜好の変化は目まぐるしい。時代はすでに、多

品種少量生産、変品種変量生産の時代。パソコンやサーバーなどで編み出されるデザインを早く、忠実に、媒体に表現していくことが求められており、ディスプレーやサイン（看板）製作会社、アパレル会社、パッケージ製作会社などと一体となって新たな表現を創作していく。いわば「街を装飾する」ニーズに応えることを使命とする。

生産する会社を支援する

売上高の45％はプリンターなどの機械類、そして55％はインクをはじめとする資材が占める。この売り上げを支えているのが、社員の3分の1というエンジニアによる仕掛けの開発だ。印刷対象は幅広い。テキスタイル、段ボール、包装資材、カーテン、絨毯、椅子など──。パーソナライズされ、かつオリジナリティーに富んだ1点ものは、デジタル印刷がコストの面でも優位に立つ。オンデマンド印刷、オンデマンド加工ができる3Dプリンターや卓上型の工作機械による製作にもアイデアを提供し、ユーザー企業の次の一手を支えていく。「システムとして組み上げていく中では、当社の経験値がいわばブラックボックスとして、他社にない強みを発揮できている」と安藤幹（もとき）社長は語る。

印刷の世界では、狙った色を再現するカラーマネジメントが重要となるが、それも含めて支援できる体制が整っているのも強みだ。特に、この2年間は、新型コロナウイルス感染症の拡大で、エンド

木目調で落ち着いた雰囲気の大阪本社1Fショールーム

通路も広く、開放感のある大阪本社19Fオフィススペース

ワールドワイドなイメージ漂う東京支社オフィス　お客様接待にも十分活用可能な東京支社ラウンジスペース

ユーザーのステイホームが常態化したため、B to C需要が増大。スマホケース、ユニフォーム、グッズなどのeコマースが活況となり、供給・販売・配送のサプライチェーンのスピードアップが猛烈に進んだ。まさにオンデマンド印刷・生産の出番となり、パーソナライズとオリジナルの２つに応えられる印刷システムへのニーズが高まり、セルカムの業績拡大につながった。

コミュニケーションで自由な社風へ

　2020年3月に、セルカムは東京都大田区の羽田空港隣接地に開設された国際産業拠点「羽田イノベーションシティ」に第1号企業として進出した。先端産業の拠点として脚光を浴びる場所であり、400平方メートルのショールームには、6メートル×3メートルの大型プリンター設置し、未来志向の新たな体験や価値を発信する。また、2021年3月には、同施設内に企業主導型の保育所も開設し、ワークライフバランスの実現に取り組んでいる。

　社内活性化の一策としては、「さん」づけで呼び、肩書きで呼ばせない「さんコミュニケーション」を徹底する。社内環境の向上にはコミュニケーションが一番であり、風通しの良い社風がビジネスのアイデアを生み出すことにつながるという考えだ。若手の採用では、外国語に堪能な人材や、理系のセンスも持った文系の営業担当者に目を注ぐ。多くの機器を社内に設置しており、触って、実践的なデモを行って、知識を身に付けてもらう工夫もある。有給休暇消化推奨や公休日の拡大とともに、働き甲斐ある職場を目指している。

| わ | が | 社 | を | 語 | る |

代表取締役
安藤　幹氏

印刷の常識を覆す発想力

　縦横5メートルもの印刷ができる大型インクジェットプリンターをはじめ、自動車のボディを全面ラッピングできる特殊シートなどの販売を手がけています。「そんなことできるの？」と思えることも、当社が取り扱うプリンターやカッティングプロッターならばできるんです。幅広い種類の製品を取り扱っていることや、製品に詳しい技術の専門部署があることも当社の大きな強み。実績は信頼へつながり、海外メーカーの間で「日本とトレーディングするならセルカムだよ」と紹介いただけるまでになりました。

　モノづくり大国、日本の復活を、我々のデジタル技術で実現させていくため、業界や業種の壁を越えて、自由な発想力でアイデアを出し合える仲間を待っています。

会社DATA

所　在　地：大阪市中央区大手前1-7-31　OMMビル19階
設　　　立：1988（昭和63）年4月
代　表　者：安藤　幹
資　本　金：2,000万円
売　上　高：43億7,000万円（2021年9月期）
従業員数：66名（パート含む、2022年6月現在）
事業内容：機器販売、資材・消耗品の販売、ソリューション（機械設計プランニング）、保育事業
Ｕ　Ｒ　Ｌ：https://selcam.co.jp/

▲株式会社フジワーク

「ひとの力」でグローバル企業が求める最先端のモノづくりを実現
──モノづくりからエンジニアリング、IT、製品開発など多彩な事業で成長

ここに注目！ 半導体、液晶パネル等の製造プロセス全般に対応できる高度な組織力
様々な仕事に挑戦できる環境とキャリア形成に向けた豊富な研修制度

産業のコメである半導体。世界的な供給不足を背景に、半導体製造に関する注目が集まるなか、大手メーカーの頼もしいパートナーとして半導体製造に関わってきた企業がある。製造業務受託のマニュファクチュアリング・サービスを展開する株式会社フジワークだ。1971（昭和46）年の創業以来、当時、世界中で販売された日本製品である電池やテレビ、ビデオデッキなどの製造業務の請負事業を展開し、最近は半導体デバイス、液晶パネル、リチウムイオン電池などの製造プロセス全般を担当、着実に事業領域を広げてきた。まさにフジワークは、日本の高度なモノづくりを支え、最先端のマニュファクチュアリングを実現するプロの製造組織でもある。

フジワークが提供するマニュファクチュアリング・サービスは、これまでフジワークが蓄積してきた高度な生産技術や組織力、マネジメント力を背景に、生産性の向上やコストダウン、品質向上をも提案できる組織的なサービスだ。ときには数百人規模のフジワーク社員組織をオンサイトに構築し、顧客企業が求める生産性向上、品質向上、コストダウン、生産変動対応、安全衛生の維持継続、製造組織体制の強化から、装置オペレーション、設備保全・メンテナンスまで含め、先進の製造業務に向けた高品質なサービスを提供している。また、サービス品質の継続的な向上、モノづくりに携わるすべての社員の職業能力開発にも継続的に取り組んでいることもフジワークの事業競争力の源泉となっている。

製造装置技術にも精通

製造工程だけではない。高い競争力を持つ日本製の半導体製造装置が、世界各地の工場に出荷されるなか、現地での据付けや試運転など装置の立ち上げから、装置メンテナンスを全面的にサポートしているのがフジワークの海外製造装置技術サービスだ。「製造現場だけでなく各種の製造装置にも精通しているのが当社の強み。装置メーカー様から任され、当社のエンジニアチームが世界各地の工場を飛び回り装置の据え付けから稼働テスト、定期メンテナンスまで広範な業務を担当している」（森松 俊行 経営企画部 部長）と言う。

その他、社員の就業から日々のマネジメント、研修や資格取得、スキルアップ支援を通じて、多様な業種のプロフェッショナル人材を育てるHR事業、RPAやAIなど最新の技術を取り入れたシステムを開発するIT事業、高精度連続厚み測定器などの産業用測定装置など自社開発製品を手掛ける製品開発事業、ホテル事業、不動産事業、海外事業を含む8つの事業

フジワーク高槻本部での新入社員研修

新入社員研修中に散策で訪れた安満遺跡公園（大阪府高槻市）にて

漫画：葉月しあ

私はフジワーク社員

世界中を飛び回り、最先端のものづくりに携わる仕事をしている

飯田リコ（22）

「フジワーク新入社員 飯田リコ 鈴木ケント 立志編」フジワーク企業サイト 採用情報ページで動画視聴できる

「常に時代の先端を行く技術に携わることができることがフジワークの強みです」と経営企画部 森松部長と採用部 岩下さん

部門でグループ売上高248億円を誇るフジワーク。その力の源泉が社員総勢5,300人によって発揮される「ひとの力」にあることは言うまでもない。このため社員が個々の可能性を追求し、仕事を通じて活躍できるよう研修制度には特に力を入れている。

半導体人材を社内で育成

例えば、半導体製造や半導体製造装置の基本的な知識や技能を学ぶ「セミコンダクタトレーニングセンター」。半導体製造や装置に携われる人材を自前で育成するためのフジワークの中核拠点とし

て、熊本、長崎、山形に設置している。全社員を対象にした資格取得促進支援制度では、毎年約400人の社員が公的資格を取得し、社員の多くが自身のスキルアップに挑戦している。さらに「現場改善活動コンテスト」を毎年実施し、モノづくり現場に携わる社員の自己成長につなげている。顧客であるグローバル企業の技術者と仕事をともにする機会も多いため、様々な技術やスキルを習得できる環境も魅力だ。

「フジワーク社員で多くの文系出身者がエンジニアとして活躍しているのは、ゼロからでも半導体

やその他最先端製品製造のキャリアを積めるから。最先端のモノづくりに携わることでどんどん自分を伸ばしていける。海外事業をはじめ多様なビジネスから自分に合った事業を選ぶこともできる」（岩下 莉奈 採用部）と語り、働きがいに満ちた会社であることが新卒就職活動時にフジワークを選択した重要な特長だとする。

創業から50年、フジワークは今後も、モノづくりを支えるプロ組織であるとともに、環境変化に柔軟に対応し、多種多様な知識とスキルを有する「ひとの力」で社会に貢献していく存在を目指す。

| わ | が | 社 | を | 語 | る |

代表取締役社長
伊藤 貴男氏

感謝と信頼を獲得し、広く社会に貢献していることが誇り

フジワークは、起業家精神、人材育成、マネジメントをコア競争力として、経営資源を人的資本への投資に振り向けてまいりました。社員のひとりひとりが専門分野に磨きをかけ、「働く」ことのプロとして、最先端のモノづくりや、社会に求められるサービス提供に実直に取り組み、お客様から感謝、信頼を獲得し、広く社会に貢献していることが私たちの誇りです。

また、外国籍社員をはじめ様々なバックグラウンドを持った社員同士の協業や、チームワークで成果を上げることは、来るべき時代に向けこれからの社会を築くために中心的な役割を果たすことが期待される新卒入社社員には貴重な経験となっています。

〝共生〟を目指し社会に貢献できるよう、ひとの可能性を信じ新しい事業の創造に挑戦したい新社会人の皆様とフジワークでともに働くことを楽しみにしています。

会社DATA

所　在　地：大阪市北区大深町3番1号 グランフロント大阪タワーB 16階
創業・設立：1971（昭和46）年3月　創業
代　表　者：代表取締役社長　伊藤 貴男
資　本　金：5,000万円
従 業 員 数：グループ合計5,300名（2022年3月末）
事 業 内 容：マニュファクチュアリング・サービス事業、エンジニアリング事業、IT事業、製品開発事業、HR事業、ホテル事業、海外事業、不動産事業
Ｕ　Ｒ　Ｌ：https://www.fujiwork.co.jp/

▲ミカサ商事株式会社

ナレッジとネットワークで新たな領域を開拓
——老舗の信頼と実績で販売店から"ミカサブランド"へ

ここに注目！ Googleのパートナーとして教育ICTの普及に貢献
年次に関わらず活躍できる風通しのいい社風

半導体デバイスや電子部品、ストレージ製品や液晶といった電子機器の販売、デジタルテクノロジーを活用し教育ICTや企業向けDXなどのソリューションを提供するエレクトロニクス商社のミカサ商事株式会社。創業は1948（昭和23）年。島津製作所でエンジニアとして勤務していた木村幸吉氏が独立し、医療用小型レントゲン用真空管を販売するミカサ商会を立ち上げた。当時、X線装置の製造に不可欠だった真空管メーカーのNECとの取引をきっかけに、NEC製品の販売代理店へと業態を変え、1957年にミカサ商事が誕生した。主力製品はNEC製の半導体だ。1980年代、90年代はNECを筆頭に、日本の半導体は世界トップのシェアを占めており、電機産業も右肩上がりに発展した時代。オムロンや松下電器産業（現パナソニック）など納入先企業もみるみる大企業へと成長した。それに伴いミカサ商事も事業を拡大し、全国に営業拠点を展開。1980年代には日本企業の海外進出に合わせて海外現地法人を設立。シンガポール、香港、韓国など海外拠点を拡充していった。

国内半導体の凋落と再起をかけた挑戦

順調だった事業経営も、2008年のリーマンショックや国内半導体産業の減退によって2010年を迎える頃には低迷期に突入。主力事業が伸び悩む中、ミカサ商事は再起をかけて、様々な事業にチャレンジしたが、どれも苦戦を強いられた。これまでに積み上げてきた電子機器のナレッジやネットワークを活用した事業のみならず、環境ビジネスなどまったく畑違いの領域にも進出を模索。その背景にはミカサ商事に根付く「失敗してもいいからまずはやってみる」という経営姿勢にある。「この時期は本当にいろいろなタネを蒔いた。まったく芽が出なかったものもたくさんあった」と、中西日出喜社長は振り返る。

一方、2010年頃にシーゲート社とトップを競うストレージ企業である米国ウエスタンデジタル社のストレージソリューション事業は中核ビジネスに発展。リモートワークの浸透やインターネット上のサービスの利用拡大によって伸び続けるデータセンターのニーズに同社のHDDは今後も期待できる製品だ。

また、Googleのパートナー企業として、教育現場にChromebookや学習支援ツールの導入・運用を提案する文教ICT事業は、開始から8年の下積みを経て2020年に突然芽吹くことになる。文部科学省による児童生徒一人につき一台のパソコン・タブレット端末を整備するGIGAス

2022年1月Google社より最も普及に貢献したリセラーとして感謝状を受贈（累計で6回目）

（東京・関西）Googleブース・ミカサコーナー

社内研修に取り組む新入社員（2022年度）

NPO法人「たつの・赤トンボを増やそう会」の活動支援など、地球環境保全や地域社会への貢献活動に積極的な取り組みを進めている

クール構想だ。新型コロナウイルスの感染拡大に伴い、政府は計画を5年から1年に短縮することを発表。事業は急展開を迎えた。数あるGoogleのパートナー企業の中でも8年間、コツコツと自治体や教育現場と信頼関係を築いてきたミカサ商事は、Chromebookを1年で30万台以上販売。「世界の誰にも平等な教育を」というGoogleが掲げる理念のもと、現在も自治体や学校と協働でICTテクノロジーを活用した学習支援を続けるべく、事業を拡大中だ。

販売店からの脱却

ミカサ商事は現在、製品をただ販売するのではなく、保守・メンテナンスやヘルプデスクなどアフターサービスといったソフト面でのサービスの充実に取り組んでいる。そして「モノづくり」もまた、今後のミカサ商事にとって欠かせないキーワードだ。2020年には半導体設計ベンチャーのインターチップ株式会社を買収。従来のエレクトロニクス商社からの脱却を図り「ミカサブランド」の確立を目指す。「苦しい時期もあったが、日々変化するニーズに応えるべく、失敗を恐れずに新しいことに果敢に挑戦し乗り越えてきた。現在は近い将来の株式上場に向けた準備も進めており、持ち前のチャレンジ精神でさらなる飛躍を目指す」（中西社長）と言う。創業74年。進化を続ける老舗企業から目が離せない。

| わ | が | 社 | を | 語 | る |

代表取締役社長
中西 日出喜氏

デジタルネイティブ世代の若者に期待

当社が一番大切にしているのは「社員の未来に責任を持つこと」です。そのために、社員が成長できる教育機会や評価体制の充実などに力を入れています。また、様々なことにチャレンジできる自由で柔軟な社風も当社の特徴です。今年の当社のスローガンは「No Challenge,No Future!」。もともと失敗してもどんどんチャレンジすればいいという社風ですが、今年は特に、新しい領域にも積極的に進出していきたいと考えています。そのためには私たちにはない発想をもったデジタルネイティブ世代の若者に期待をしています。社歴や年齢に関わらず活躍できる場を用意していますので、チャレンジ精神を持った方に来ていただきたいですね。

会社DATA

所 在 地：大阪市中央区島町二丁目4番12号
設　　立：1957年（昭和32年）2月
資 本 金：3億4,650万円
代 表 者：中西 日出喜
従業員数：356名（連結）、233名（単体）
事業内容：◇電子部品、電子材料及び電子機器並びに各種電気製品等の製造販売　◇医療用品等の製造販売　◇健康器具及びヘルスケア商品等の製造販売　◇ソフトウエア及びハードウエアの設計、開発及び製造販売　◇インターネットを利用した情報提供サービス及び通信販売　◇商品等の保守業務、レンタル業務及び輸入出業務並びにこれら業務の受託業務　等
U R L：https://www.mikasa.co.jp

ムラテック販売株式会社

村田機械の情報機器部門を支える販売・サービス会社
——OAとFAの両分野でユーザーのビジネス課題を解決

ここに注目！ ファクシミリをルーツに通信機器事業で築き上げた厚い顧客層
事業領域をオフィスからファクトリーへ拡大し、さらなる成長を目指す

ムラテック販売株式会社は、京都の有力FA・OA機器メーカーである村田機械（ブランドネーム：ムラテック）グループが開発、製造するデジタル複合機やファクシミリ、生産管理ソフトウェア製品などの商品・サービスをビジネスユーザーに提供する。村田機械には事業部門が大きく5つあるが、そのうちの1つである情報機器部門の販売・メンテナンスサービスを担っている。

ITの発展やワークスタイルの多様化に伴い、ビジネスを取り巻く環境は常に変化している。ムラテック販売では、創業以来25年以上にわたり培ってきた顧客企業や販売店との強い信頼関係のもと、「ムラテック」ブランドを中心とした複合機やファクシミリ、ネットワークセキュリティー製品といったオフィスの様々なニーズに対応したソリューションを提供してきた。

また、村田機械グループの厳しいモノづくりの現場で蓄積されたノウハウを活かして開発された、成形工場をはじめとする製造業向け生産管理ソフトウェアなどの各種製品を2020年春から取り扱う。今後もIoT（モノのインターネット）の進化に対応して、OAとFA両分野でセキュリティー強化や生産性向上などビジネス課題の解決に役立つ最適なソリューションを全国26の営業拠点から提案していく。

情報セキュリティー商品と生産管理システムの拡販に注力

「当社は事業環境の変化に柔軟に対応しながら発展してきた」と、森脇豊常務取締役事業統括室長は振り返る。それは、ファクシミリのアナログからデジタル化、複合機のモノクロからカラー化、さらにネットワーク化、そして情報ネットワークの拡大に伴うセキュリティー問題への対応と、顧客を取り巻く環境の変化、ニーズの多様化に応えるソリューションをタイムリーに提供してきたから今の姿があるということを意味する。同時に、通信機器販売で構築してきたユニークな販売チャネルが大きな強みとなっており、「今後も複合機はなくならない。セキュリティー製品も中小企業を中心に導入を拡大していく」（森脇常務）。加えて、製造業向け生産管理システム事業をもう1つの柱に育成しようと取り組んでいる。村田機械が主力とするFA分野の事業を強化することでグループ全

インフォメーションセンターでは丁寧な対応を心がけている

フィールドエンジニアがキッティングを行う

営業職の女性社員も活躍

社内勉強会の様子

電話応対コンクール京都府大会で2年連続入賞

新入社員研修中、満開の桜の前で撮影！

体でのシナジーを発揮し、これまでOA事業で築いてきた全国規模のメンテナンス体制を強みに、中堅規模の製造業を対象にDX推進による業務革新を実現するシステムの納入を進めていく。これらの取り組みによって、3年後の2025年3月期には売上高100億円を目指す。

独自の人材採用と育成で強い組織に

　加速するばかりの情報ネットワーク分野を支えるのは、若手の活躍だ。FA部門の営業担当や、フィールドエンジニア、コールセンターなどを合わせて毎年10人前後の採用を続けている。人事・給与体系、福利厚生は村田機械と同じだ。昨今の働き方改革の一環としてテレワークも推進。男性の育児休業取得例もすでにある。採用後は、埼玉、東京、愛知、大阪、京都の拠点で、入社3年までは新人としての教育研修を設定し、ユーザー企業のニーズに対応できる能力を身に付けさせる。

　SMBと呼ばれる中小規模ビジネスが抱える課題・ニーズを的確に把握し、最適なソリューションを提案する力は事業領域を問わず欠かせないスキル。長年培ってきた「顧客に寄り添うきめ細かいフォロー」はムラテック販売の特徴だ。新人への手厚い教育は、外部環境の変化に柔軟に対応する組織づくりを裏付ける取り組みであり、これからもムラテック販売は産業界の課題解決に貢献していく。

｜わ｜が｜社｜を｜語｜る｜

常務取締役事業統括室長
森脇　豊氏

豊かな社会の実現に挑戦し続ける

　「私たちは、つねに新しい技術を創造し、お客さまに喜ばれる製品の提供を通じて、社員ひとりひとりの幸せと豊かな社会の実現をめざします」—。これは当社含む村田機械グループ全体の企業理念です。わが社を語るとき、外部環境の変化に柔軟に対応してきたことをお話ししないわけにはまいりません。低価格化の波、IT化の波などファクシミリや複合機を取り巻くコンピューターネットワークの進展への対応がまさにそれです。こうした環境変化において、常にエンドユーザーの立場でものを考えられる人材育成を重視し、教育の機会を十分に確保しています。加えて一例ですが、社員の自主的な取り組みとして、令和2年、3年と2年連続で日本電信電話ユーザ協会主催の電話応対コンクール京都府大会で入賞した人もいます。挑戦を続ける組織です。

会社DATA

所　在　地：京都市伏見区竹田向代町136
設　　　立：1994（平成6）年6月
代　表　者：村田　大介
資　本　金：9,000万円
売　上　高：85億円（2022年3月期）
従業員数：269名（2022年7月1日現在）
事業内容：オフィスソリューション事業（デジタル複合機・ファクシミリ、セキュリティー機器等の販売ならびに工事の請負・保守サービス）、ファクトリーソリューション事業（製造業向け生産管理ソフトウェアなど各種製品の販売ならびに保守サービス）
U　R　L：https://www.muratec.jp/ce/muratec_sales/

▲ 株式会社ワイティーケー（YTK）

日本のモノづくり企業をサポートする海外製品＆部品調達会社
──独自の台湾・中国大陸ネットワークを活用し安心を提供

ここに注目！
100社以上の現地パートナー企業を背景にした多様なニーズ対応力
コンサルから販路開拓、商流・人材の確保に至る広範なサービス提供力

半導体をはじめとする電子部品に加え、素材や原料等の品不足が深刻化している。新型コロナウィルスに伴うサプライチェーンの寸断や、ITC関連機器の需要急増、ロシアのウクライナ侵攻など品不足の要因は様々だが、いま多くのモノづくり企業が、いかに部品や素材を安定的に調達するかに頭を悩ませている。そんななか台湾、中国を中心とするパートナー企業のネットワークを生かし、日本企業に新たな海外調達ルートを提供している企業が、株式会社ワイティーケー（YTK）である。

台湾のモーターメーカーの日本法人設立に携わり、約5年間で日本市場を開拓した山川元芳氏が、「特定企業の製品だけ売っていては、日本企業の多様なニーズに対応できない」と考え、2016年にYTKを設立した。当初は、アジア企業の日本進出をサポートするコンサルティング事業からスタートしたが、モーターを中心とする多様な海外製品を日本企業に紹介する橋渡し業務に奔走してきた。

山川社長は「台湾だけでも日本で事業を構築したいという企業は数多くある。日本での代理店探しから、商流や人材の確保、展示会出展を通じた販売促進とアフターに至るまで、販路開拓に向けた広範囲なサポートを展開している」と説明。いまなおコンサルの売上比率が過半を占めるが、YTKを通じて対日取引を行う海外企業は約100社。パートナー企業も台湾、中国大陸を中心に約50社を数え、取り扱い製品はモーターを軸に、ギヤや減速機、ファンモーターやブロワー、シリンダー、アクチュエータ、バルブのほか、無人搬送機関連機器や流体関係の計測器など多彩だ。「当社がパートナー企業の日本事務所になっているケースがあるため、OEMやODMなどのニーズも得意にしている」（山川社長）と説明する。

海外調達先を徹底調査し、日本企業の不安とリスクを払拭

成長の背景にあるのが、徹底した安心と信頼の構築。「中国・アジアの製品を使ってみたいが、モノは安定的に供給してくれるのか」といった日本企業の懸念は少

台湾企業をサポートし、東京機械要素展に出展

商談会にて日本のお客様に台湾製品を紹介

日台機械・部品関連企業商談会

定期的に日本国内の商社で勉強会を実施

定期的に海外の協力工場を監査

なくない。海外製品に対する日本企業の不安やリスクを取り除き、安心できる確かな企業だけをパートナーにしていることが、YTK最大の強みだ。山川社長は「製造設備などのハード面、品質コストの管理体制といった工場監査とともに、必ずトップと面談する。単に日本での採用実績が欲しいだけなのか、それとも本当に日本で永続的な事業基盤を作りたいのかを確かめる」と解説。2020年5月に中国現地法人の「中国寧波YTK」（浙江省）、翌21年8月には「中国深圳YTK」（広東省）を相次ぎ設立させており、中国での有力パートナーの発掘を積極化していく一方で、「2拠点を通じた現地調査を進める。日本企業にウェブで工場を見てもらうことも

可能になる」と、さらなる信頼の醸成に期待をにじませる。

日本企業の海外販路拡大にも挑戦

こうした安心と信頼の取組みは、同社の事業領域を一段と広げつつある。例えば、最近日本企業から受注したという撹拌機モーター。最初は台湾製モーター単体の話だったが、YTKの提案により制御系を巻き込んだ受注に発展し、やがて板金や梱包まで含めたトータルな受注にまで拡大した。最近は円安で海外製品の価格競争力が低下しているが、「中堅・中小企業を中心に日本の海外調達ニーズはかなりある」（山川社長）と見ており、日本企業の部品調達の幅を広げ、安定化に貢献してい

く方針だ。

コンサル事業の一環として、ベトナム視察団なども企画し、今後は台湾、中国大陸以外のアジア地域での企業の発掘も検討していくが、「逆に日本の中小企業の優秀な製品をもっと海外に広めたい。日本企業の海外販路拡大が当社の最終ゴール」（山川社長）と表明。日本とアジアのモノづくり企業を橋渡しする同社の取り組みは、近く第2幕を迎えることになりそうだ。

|わ|が|社|を|語|る|

代表取締役
山川 元芳氏

国籍に関係なく顧客にとっての「役に立つ会社」を目指す

会社設立以来、日本進出を目指すアジアのモノづくり企業に対し、代理店契約交渉やヘッドハンティング、さらにはアフターメンテまでのフルサービスで販路開拓をサポートしてきました。今では台湾、中国大陸に多数のパートナー企業から成る信頼のネットワークを築き、単品だけでなく複雑なニーズにも対応できる態勢を整えました。これら信頼のできる多様なアジア

製品の供給は、日本企業の皆様にもメリットを感じてもらえるものであり、まさにアジアと日本企業を橋渡しすることが当社の役割と確信しております。今後は、日本の優れた製品を広く海外に普及させるお手伝いにも力を入れ、国籍に関係なく顧客の皆様にとっての「YTK＝役に立つ会社」を目指してまいります。

会社 DATA

所 在 地：大阪市浪速区難波中2-10-70 なんばパークスタワー19F
設 立：2016（平成28）年6月
代 表 者：山川 元芳
資 本 金：800万円
従 業 員 数：10名（2022年7月時点）
事 業 内 容：海外企業の国内進出及び国内企業の海外進出に関するコンサルティングほか
U R L：http://www.ytk-group.co.jp/

◢東レ建設株式会社

建設と不動産の2つの顔を持つ東レグループの中堅ゼネコン
──安全、防災、環境を最優先に社会変化に対応した価値を提供

建設と不動産併営の連携効果と品質にこだわる独自のビジネス展開
新たな農業モデルの提案など社会貢献型ビジネスの実行力

国内に40万超存在する建設業者。スーパーゼネコンから地域の土木工事会社まで業態は様々だが、「総合建設事業」と「総合不動産開発事業」の2つの顔を持ちながら、幅広く事業を展開しているユニークな企業が、東レグループの東レ建設株式会社だ。東レグループの総合力をバックにした高品質モノづくりのDNAと、多様な材料を用いた先進の技術力で、安心、安全で地球環境に配慮した建物や施設を提供している。

マンション建設やPFIで強みを発揮

建設事業は、日本各地の東レの工場系設備投資に留まらず、民間の建築物の設計・施工・管理・メンテナンスまで一貫して手掛ける。不動産事業を持つ特徴を背景にしたマンション建設やPFI（民間資金等活用事業）による大型集合住宅の建替えなどで強みを発揮し、最近は炭素繊維に代表される東レの先端材料を用いたインフラ補修工事も展開している。なかでも注目されるのが、砂栽培農業施設の「トレファーム」。建設現場の足場材を使用して培地を腰の高さまで上げることで、多くの人に農業に携わる機会を創出する東レ建設ならではの新事業だ。新たなコミュニティーの形成や高齢者や障がい者も参加できる地域雇用モデルなど、様々な連携ビジネスが生まれている。

一方の不動産事業の柱は分譲マンション事業。1972（昭和47）年の第一号物件から、これまで関西、関東、東海を中心に29,000戸超のマンションを供給し、土地購入から企画・設計・施工・販売・管理・アフターメンテまでの一貫体制で半世紀にわたる実績を持つ。近年はマンション内電力融通システムを導入した環境配慮型の物件にも取り組み、今後は得意とするファミリー向け分譲マンション「シャリエ」を中心に年間500戸の提供を目指すとともに、2017年に参入した賃貸マンション事業の拡大や商業系賃貸事業への参入を目指す計画だ。

建設と不動産の両輪で、東レグループの住宅・エンジニアリング部門の中核企業として成長してきた東レ建設だが、少子高齢化の進

関東・東海・関西エリアを中心にブランドマンション「シャリエ」シリーズを展開

自社マンション・PFI・工場など様々な建築工事にチームで取り組む

新規事業：トレファーム

東レ建設大阪本社

展や労働生産人口の減少といった構造課題に加え、世界的なインフレや円安に伴う資材価格の高騰など、建設・マンション業界は難しい舵取りを迫られている。

価値提供型のビジネスに注力

このため建設事業では、運営・維持管理領域まで含めたPFI案件の拡大を目指すとともに、オフィス、工場など現在30％水準にある非住居系案件を40％程度まで増やすほか、現場労働力の不足に対応するためタブレットやスマホを用いたシステム開発や一段のIoT化を推進する。不動産事業では、建設事業と連携し自社開発案件の用地取得力を強化する一方、「シャリエ」ブランドの一段の浸透を推し進めるとともに、単に物件を造って、売る、貸すだけでなく、社会変化に対応した価値提供型のビジネスに注力していく。例えば、「トレファーム」によるシェアリング農業を核に住民交流の場となる商業施設の賃貸事業などを計画しており、「グループ企業理念である『新しい価値の創造を通じて社会に貢献する』企業を目指す」（角川政信社長）方針だ。

企業運営の最優先課題として、安全、防災、環境保全と企業倫理・法令遵守など、CSR（企業の社会的責任）の取り組みも加速。特に安全、防災、環境保全は技術戦略のテーマに位置づけ、「省CO_2、劣化評価、防災減災、木造建築」をキーワードに技術力を向上し、提案力を高める。具体的には、マンション内電力融通システムなどによるエネルギー消費ゼロのビル（ZEB）の取り組みを強化するとともに、防災・減災対応技術の蓄積、木材を利用した中高層マンションの実現に向けた共同研究などを進めていく。

建設と不動産の併営という特徴を生かし、高品質にこだわり社会ニーズの変化に柔軟に対応し続けてきた東レ建設は、大手ゼネコン以上のポテンシャルを秘めた中堅ゼネコンでもある。

|わ|が|社|を|語|る|

代表取締役社長
角川 政信氏

やるべきことをしっかりとやる企業風土を作る

当社は"建設事業"と"不動産事業"を併営する特色ある企業として東レグループの中で重要な位置を占めています。東レグループの技術力・総合力を背景とし、グループ企業理念である"新しい価値の創造を通じて社会に貢献する"企業を目指していくためには、新たな取り組みをさらに推進し、①「事業領域拡大による収益力の強化」をしっかりと進めます。そして、②「現場力強化による生産性の向上」を図り、③「トータル品質・技術力のさらなる向上」により、真のお客様満足度の向上を実行します。さらに、④「将来を見据えた人財活用と働き方改革の推進」と、⑤「安全最優先とESG経営の推進」を実行し、やるべきことをしっかりとやる企業風土を作ってまいります。

会社DATA	
所 在 地	大阪市北区中之島三丁目3番3号
設 立	1982（昭和57年）11月12日
代 表 者	角川 政信
資 本 金	15億300万円
従 業 員 数	355名（2022年3月末現在）
事 業 内 容	1.建築・土木工事の企画、設計、施工、監理 2.マンション・住宅の建設、分譲 3.不動産の売買、賃貸、仲介、リフォーム 4.不動産・建設全般のコンサルティング業務
U R L	https://www.toray-tcc.co.jp

▲株式会社ユニオン

美しさと高機能を兼ね備えたドアハンドルで業界をリードするニッチトップ企業
──2度のオリンピックで世界に名を轟かせたデザイン集団

1500ページに及ぶカタログに収められた豊富な商品群
世界的な名建築家がこぞって採用する信頼性とデザイン力

建物の「第一印象」を決めるものは何か。視覚では建物全体のデザインだろう。しかし、体感では建物に入る時に最初に手が触れるドアハンドルなのは間違いない。人間の五感を通じて建物の第一印象を決めるドアハンドルは重要な建築材料なのだ。そのドアハンドル専業メーカーとして、世界で注目されているのが株式会社ユニオンだ。

同社は1945年に創業者の立野一郎氏が個人事業として立野商店を立ち上げたのが始まり。創業当初は蝶板や戸車といった建築用の金属部材を生産していた。取引先から「ドアハンドルはできないか？」と相談を受け、片手間に作り始める。当時の国産ドアハンドルは職人さえいれば作れる部材だったため、ライバルも多かったという。

ただ、メーカーは中小企業ばかりで商品点数は少なく、顧客の選択肢も限られた。在庫がなかったり納期が長かったりして顧客である建築会社にとっては悩みのタネに。そこで同社は商品点数を大幅に増やし、カタログも充実。1500ページに及ぶカタログは、建築金物業界では例を見ない分厚さだ。受注があれば即納できるよう在庫もそろえるなどの差別化を図る。

オリンピックや万博を通じてブランド発信

1958年にドアハンドル専業メーカーとなったのを機に、「ユニオン」へ社名変更したが、その直後に大きな転機が訪れた。1964年に開かれた東京オリンピックである。外国からの観客を受け入れるため、東京で大型の都市ホテルが相次いで着工。同時に世界中の選手団が競技するスタジアムも新たに建設され、世界に通用するドアハンドルが大量に必要となった。

オリンピックは「国威発揚」のチャンスであり、建物の第一印象を大きく左右するドアハンドルには世界に通用する優れたデザインと素材、加工技術が求められる。同社は創業以来、アートとものづくりの精神とこだわりを融合させた「ARTWARE」のコンセプトでドアハンドルを開発してきた。

その結果、丹下健三氏や黒川紀章氏といったわが国を代表する建築家が、こぞって同社製のドアハンドルを採用したのである。6年後の1970年に開かれた大阪万国博覧会でも、同社のドアハンドルは会場内のパビリオンや関西で新築されたホテルに採用され、全世界に「ユニオン」ブランドを発信できた。国内ドアハンドルで最上位のブランド力を得て、同社の社会的ステータスは大いに高まった。

ファブレスを強みにデザイン力を高める

同社の強みはファブレス、工場を持っていないことだ。自社工場があればステンレスやアルミといった自前設備で加工しやすい素材に特化してしまう。だが、工場を持たなければ、外注先を選ぶことで顧客が求める素材にも柔軟に対応できる。製造から解放されたことで自社のデザイン力を高め、他社にはできないあらゆる材質と独自のデザインを組み合わせたユニークな製品づくりも実現した。

デザインフィロソフィー「ARTWARE」はアートとハードウエアを合わせたもの

カスタムメイドは1セットから対応している　　　　　　　「ARTWARE」のコンセプトでデザインされた商品

必要なものを必要な時に必要な場所へ届ける供給体制も整えており、建築会社からの信頼も厚い。協力企業は80社を数えるが、新たな顧客ニーズを獲得するために現在も新たな業者を開拓している。関西企業が中心だが、南部鉄器や燕三条の金物などの産地にも足を運ぶという。最近ではSDGsにも力を入れ、再生できない素材の製品はヒットしていても生産を中止し、再生可能な素材の製品に切り替えた。

こうした地道な努力が実を結び、現在もドアハンドルのトップ企業として市場をリードしている。2021年に開催された東京オリンピックでは、新国立競技場を設計した隈研吾氏が押すだけで開く非常用パニックドアにユニオン製のドアハンドルが採用された。2025年の大阪万博でも同社のドアハンドルが、パビリオンや新設されるホテルで採用される。二つのオリンピックと万博で、同社が新たなステップアップを果たすのは間違いなさそうだ。

│わ│が│社│を│語│る│

代表取締役
立野 純三氏

今までにない異質の人材も

　創業以来こだわっているのが社員とその家族を大事にする「ファミリー経営」。コロナ禍でも社員が働きやすいように自宅でのテレワークも導入しました。建築は男性の世界と言われていますが、住宅建築で決定権を持っているのは女性なので積極的に採用しています。おかげさまで、わが社は関西の同業では最も人気があり多くの志願者が集まりますが、今までにない異質の人材を採りたい。わが社では建築デザイナーや工業デザイナーが大勢活躍していますが、これからは畑違いのファッションデザイナー等も必要になるでしょう。「二番煎じをするな」を合言葉に、新しくよそにないことをやっていくのが社風。そうした社風を共に創っていく仲間を募りたいと考えています。

会社 DATA		
所 在 地	：	大阪市西区南堀江2-13-22
設　　立	：	1958（昭和33）年12月
代 表 者	：	立野 純三
資 本 金	：	9,500万円
従業員数	：	130名（2022年4月1日現在）
事業内容	：	建設環境金属製品の製造・販売
U　R　L	：	https://www.artunion.co.jp

モノづくり

データ・ソリューション

医薬・化学

卸売・サービス

建設・住設

社会インフラ

吉本産業株式会社

「BMC系人工大理石」で快適な住空間に貢献
──キッチンや洗面台など住宅設備に欠かせない構成部材で高評価

ここに注目！ 人工大理石キッチンカウンターで国内シェアナンバーワン
自社ブランドを立ち上げ、海外のユニークな素材を日本で売り込み

吉本産業株式会社は、BMC系人工大理石を国内でいち早く量産化した企業。熱硬化性の合成樹脂をマトリックスとした複合材料をプレス成形してキッチンカウンターやシンク、洗面カウンターやボウルなどが製品の代表例で、その表面は均質で耐薬品性や耐汚染性に優れ、かつ、耐衝撃性に極めて優れた、正にカウンター素材に最適な素材である。大手ハウスメーカーや住設機器メーカーと長年にわたって構築した信頼関係を強みに、多くの住宅やマンション、ホテル、商業施設に採用されており、特に人工大理石キッチンカウンターでは国内トップシェアを誇り、日本の水回り空間の快適さの向上に貢献してきた。

この背景には、1976年の会社設立以来、複合材料の技術革新にひたむきに取り組み、住宅設備機器の構成部材に特化した事業活動の展開がある。住宅であれば、一戸一戸異なる寸法や仕様に対応した部材を、納期、価格、供給量といった顧客のニーズに的確に対応できる点は、他の追随を許さない。特に成形後の後工程と呼ばれる二次加工などは、「手づくりに近いモノづくり」と吉本明義社長は表現する。この細かい加工への対応力に、差別化のカギがあると言えるだろう。

経営陣の素早い意思決定と機敏な商品開発力

会社設立当初の事業の着想は、「欧米製の高価だが魅力的な人工大理石の素材・部材を何とかして国内で安価に大量供給できないか」（吉本社長）ということだったが、1983年には人工大理石の事業を開始。経営陣の素早い意思決定により、製品加工工場や原料製造工場、研究開発拠点を次々と立ち上げてきた。専門的な技術開発は休みなく続け、顧客の立場を常に念頭に置き、自分たちは何をすべきかを考えてきたという。これは、今でいう「ソリューション

同社独自で開発した世界に類のない万能素材「ウルトラサーフェス」

同社商材を組み合わせて製作したラグジュアリーな洗面空間

ハイクオリティな素材をふんだんに使用し、空間提案に特化した大阪LABO

厳格な品質基準に基づいた管理体制

細かなデザインにまでこだわったモノづくり体制

営業」的な取り組みであり、設立当初からの吉本産業の風土として培われている。

　昨今は水回り設備が機能面だけでなく見た目の美しさも求められ、インテリア空間の一部ともなり、価値観も多様化している。同社は、ライフスタイルの変化やトレンドの小さな変化も敏感にキャッチすることで常に新しい価値を商品企画に取り入れ、かつスピーディに商品開発し、世の中に生み出すことを得意としている。アイデアを思いついた瞬間にスケッチが始まり、3D CADにデータを落とし込み、モックアップを完成させる。この一連の工程をたった2週間で行ってしまうという機敏な商品開発力と機動力は大きな財産となっている。

若手社員を海外に視察派遣するなど次世代の育成に力

　2018年3月には創業以来の技術や経験を結集し、機能とデザインの両面を最大限に活かし、「日本の空間をもっと豊かにする」をコンセプトとしたブランド「FABBRICA YOSHIMOTO」を立ち上げた。住空間に関連する世界各国の素材を国内で紹介し、新たな事業の柱、事業のけん引車に位置づけようと取り組む。新ブランド「FABBRICA YOSHIMOTO」は、住空間のクオリティーを高めるために生まれたブランドだ。

　日本の住宅は、もっともっと心地よくなれるという確信のもと、新たな住空間を創造していくのがこれからの吉本産業であり、そのためにも欠かせないのが、若手社員の育成だ。会社の費用による貿易の基礎知識や英語の研修を積極的に実施しており、さらに、イタリアやスペインといったトレンドの発信地で開催される見本市などには年3〜4回、入社1〜2年の社員を含めて視察に派遣し、トレンドをつかませるとともに、豊かな発想の源にしようとしている。

| わ | が | 社 | を | 語 | る |

代表取締役
吉本 明義氏

新しい価値を提案し続ける

　当社の事業領域は、人々の生活に近いものであり、快適と思ってもらえる空間づくりにかかわっています。海外事業展開も模索中であり、IT化や業務改善、定時退社をはじめとした働き方改革を並行して進めています。国内外の競争に打ち勝って、2025年にはグループ売上高200億円を計画しており、その果実は社員に還元することが基本です。当社の社員が周囲にうらや

ましがられるような住空間に住んでほしいし、そうした社員の集団にしたいと考えています。常にアンテナを張り、「探求心」「向上心」「チャレンジ精神」を持ち続ける人材を育成し、新しい価値を提案し続けるリーディングカンパニーとして社会に貢献していきます。

会社 DATA	
所 在 地	大阪府東大阪市今米1－13－8
設 　 立	1976（昭和51）年4月
代 表 者	吉本 明義
資 本 金	1,000万円
売 上 高	111億円（2022年1月期）
従 業 員 数	グループ：150名（2022年1月1日現在）
事 業 内 容	人工大理石を使ったキッチンカウンターやシンク、洗面カウンター、ユニットバスルーム部材などの製造販売、合成樹脂原料の販売、複合材料の研究開発・製造
U　R　L	https://www.yoshimoto-sangyo.co.jp/

株式会社協同クリエイト

神戸に根差した港湾業務のプロフェッショナル
——創業90年の実績とゆるぎない信頼関係で西日本の物流インフラを支える

ここに注目！

「頑張れば社長になれる」を掲げる社員直結の経営風土
港湾荷役と梱包業務を軸にした輸出入両面事業の安定性

もともとオーナーはいない。社員160人のうち役員含む45人で、発行済み株式10万株のほぼすべてをシェアし合う。上司の推薦を通じて自社株を保有できた社員は、その時点で社長への挑戦権を手にしたことになる。「頑張れば社長になれる。それが当社の一番の魅力」。こう語るのは、神戸で長く港湾業務を営み、昨年創業90周年を迎えた株式会社協同クリエイトの谷川龍二社長だ。

社員の、社員による、社員のための会社

谷川社長自身、早くからトップになることを意識し始め、仕事に打ち込んだ経験の持ち主。37歳で役員に就任し、47歳の若さで社長に抜擢された。「毎年の入社式でも『頑張れば社長になれる』と言っている。自分たちの会社という意識が芽生えるとともに、高い視点で物事が見えるようにな

る」（谷川社長）と強調する。ベースにあるのが社員の、社員による、社員のための会社運営だ。透明かつ公平でクリーンな会社づくりが基本だから、社長といえども私的なことは許されない。毎年配当を出すとともに、最終利益の3分の1を社員に還元しているが、「前期は配当を2倍に引き上げることができた」（谷川社長）と嬉しそう。

西日本最大の貿易港である神戸港。ここで協同クリエイトは、阪神淡路大震災などの苦難を乗り越え、地元に根付いた港湾荷役業者として着実に成長を遂げてきた。神戸港一帯に4つの営業所と一つの梱包工場を構え、コンテナの出し入れをする沿岸荷役作業、重量物や機械物を輸出するための輸出梱包作業のほか、海上輸送の運送手配業務や輸入穀物類の袋詰め、詰め替え業務、輸入青果物の品質検査・選別業務、植物検疫検査・荷主検査の立会補助業務を展開する。

なかでも梱包作業は、他社と差別化できる腕の見せ所。通常は材木を使って梱包するが、荷物に応じていかに少ない材料で強度を持たせるか、重心を傾かないよう設計するか、専門知識に基づく経験とノウハウが問われる。特にコンテナを使う場合は、隙間なく積み込めるようサイズを小さくする必要もあり、数センチの差でコストが大きく変わることも。「他社より小さくできればお客様に喜んでもらえる。それだけにやりがいのある仕事でもある」（谷川社長）

フォークリフトを用いて貨物の入出庫を行う沿岸荷役作業

材木を使用し輸出物を梱包する梱包作業

意欲的に活躍する女性社員

会社の未来を担う新入社員

社長発案で開催された女子会

と言う。

最近は、新型コロナウィルスで中国からの輸入が落ち込んでいるほか、円安による価格高騰で安定品目のバナナをはじめとするフルーツ類の輸入が不透明な状況にあるものの、輸入業務と輸出業務の両方をバランスよく手掛けているのが同社の強み。円安下で輸出が増えれば収益への影響は避けられる。顧客の無理難題な注文に対し、決して断らないのも協同クリエイトの信条。「ただし、これだけ掛かりますよ」という姿勢を貫くことで信頼を獲得し、地元神戸を中心に盤石な顧客基盤を築いている。

現場の自動化や女性活躍を推進

今春は5人の新入社員を加え、現場では若い社員の迅速な仕事ぶりが見られるが、少子高齢化に伴い、いつまでも業務のすべてを人手に頼るのは限界がある。谷川社長は、「梱包作業などで自動化に取り組む。古い体質の業界なので発想の転換は難しいが、自社でダメなら他社と組んでもいい」と語り、港湾荷役の将来あるべき姿を思い描く。女性活躍も少子高齢化への対応の一つ。パワースーツを用いて現場に携わる社員を含め、現在13人の女性従業員が在籍する。女性が働きやすい職場づくりを求めて、積極的に女子会を開催する一方、保育所運営の準備も進めている。

「物流は社会の血液。なのに港湾業務の対価はそれほど高くない。業界の常識を打ち破るためにも、知恵と工夫で新たな挑戦を続ける」(谷川社長)。9年後に、新社長のもとで創業100周年を迎えるであろう協同クリエイトの姿が楽しみでもある。

|わ|が|社|を|語|る|

代表取締役
谷川 龍二氏

情熱を持ってやりたいことができる会社

社員のみんなから、「谷川が社長で良かった」と思われたい。そんな思いで社長を続けてきました。まずは社員ありきの会社です。社員への利益還元が第一です。そして情熱を持ってやりたいことができる環境があります。思い付きでもいいから何でもトライできる風土と、それを支える仲間がいます。

創業以来、当社は神戸港を行き来する船や貨物に対する作業を通じて、日本の発展に少なからず寄与してきました。今後も港湾荷役の重要性は変わりませんが、当社を取り巻く環境は刻々と変化しています。時代の変化を先取りし、前例にとらわれない自由な発想で、新しい会社のかたちを創るのは若い方々です。やる気と情熱を持って当社に飛び込んできてください。

会社DATA

所 在 地：神戸市中央区北長狭通5丁目6番2号
創　　業：1931（昭和6）年9月
代 表 者：谷川 龍二
資 本 金：5,000万円
従業員数：160名（2022年9月時点）
事業内容：・沿岸荷役作業　・輸出梱包作業　・運送手配（海上輸送）業務　・輸入穀物類の袋詰め、詰め替え及び荷直し　・輸入青果物の品質検査、選別、改装作業　・植物検疫検査、荷主検査の立会補助作業　・コンテナ内、本船内のラッシング、チョッキング作業　・倉庫内作業全般　・食料品の検品仕分、打検及びラベル、ステッカー貼り　・店舗雑貨のピッキング、包装作業　・不動産賃貸業務
U R L：https://www.kyodo-create.co.jp

株式会社コーアツ

社会の安全に貢献するガス系消火システムのパイオニア
——水が使えない施設の火災から「人の生命と財産を守る」

ここに注目！ ガス消火専業の豊富な知見と自社技術に基づくソリューションの力
開発から設計・製作、施工、メンテを一貫したシステム提供力

日本国内で発行されたすべての出版物を収集する国立国会図書館。1200万冊の収蔵能力を持つ広大な書庫には、火災発生に備えてガス消火設備が張り巡らされている。水で火を消すわけにはいかないからだ。この水を使わないガス系消火設備のパイオニアが株式会社コーアツだ。1951年に炭酸ガス消火設備の専業メーカーとして誕生して以来、業界のリーディングカンパニーとして社会の安全に貢献してきた。

ガス消火とは、窒素などのガスを放出して火災現場の酸素濃度を引き下げることにより火を消す仕組み。ろうそくにコップを被せると火が消えるのと同じ理屈だ。水消火では二次被害が出てしまう図書館、美術館のほか、電気設備への影響が懸念される発電所や高層ビルなどで用いられ、「最近はデータセンター（DC）をはじめとする情報通信施設向けの需要が増えている」（佐々木孝行社長）。まさにコーアツは、火災から人の生命だけでなく、社会に必要な貴重な財産や情報を守ってくれる陰の立役者と言えるだろう。

ハロン全廃に伴う窒素用制圧式バルブの開発で飛躍

シンプルな原理を用いた装置でありながら、時代とともに消火剤は目まぐるしく変化した。なかでも同社飛躍の起点となったのが、1995年のハロンガスに替わる窒素ガス消火装置の開発。それまで消火剤の主流だったハロンが、オゾン層破壊物質として94年に全廃され、窒素への代替を余儀なくされたが、ハロンに比べ消火能力が劣るため、高圧にして多くの窒素を容器に詰め込む必要がある。そうなると今度は高圧の窒素を送り出す配管がもたない。このため同社は、試行錯誤の末に制圧式の容器弁（バルブ）を開発、改良を重ねて出口圧力を6.5MPa以下に制御することで従来と同じ配管での設置を可能にした。コーアツが、現在主流の窒素消火でシェアトップを獲得しているのも、時代の変化に対応した製品づくりと技術開発力による所が大きい。

もう一つは、開発から設計、製造、施工据え付けに、保守・メンテナンスまでを一貫したシステム提供力。佐々木社長は、「70年にわたって業界をリードしてきた。豊富な経験とノウハウを有する人材力が強み」として、顧客の状況や要望を踏まえたトータルソ

2021年に竣工した最新の機器開発棟　第55回日本サインデザイン賞（SDA賞）に入選

国内では唯一となるFK-5-1-12消火
設備用静音形噴射ヘッド

グッドデザイン賞を2年連続で受賞し
た充満表示灯「ルクシィ」

高い技術力・高品質な製品の歴史は若
手社員へと受け継がれている

リューションの力が大きいと強調
する。例えば、数年前に商品化し
たガス放射音を抑制した静音形噴
射ヘッド。窒素などの消火剤を放
射する際に発生する大きな放射音
が、DC内に設置されたハード
ディスク（HDD）に損傷を与え
る可能性があるとされ、コーアツ
はいち早く対策に乗り出し、音圧
の低い噴射ヘッドを商品化するこ
とに成功した。

新消火剤でも静音形噴射
ヘッドを開発

最近では、オゾン層破壊係数ゼ
ロで、地球温暖化係数も1以下の

優れた環境特性を持ち、消火能力
にも優れた次世代のガス系消火剤
「FK-5-1-12（Novec1230）」
を用いた消火システムを商品化。
DCをはじめとする情報通信施設
へ提案している。佐々木社長は、
「音圧を下げるとガス化できない
のが課題だったが、ようやくこち
らでも静音タイプを開発できた」
と説明し、コーアツの新たな差別
化商品の誕生を素直に喜ぶ。昨年
には三田工場（兵庫県三田市）敷
地内に機器開発棟を建設し、研究
開発環境を強化した一方、火災発
生時にガスを放出したときにサイ
ン表示する充満表示灯「ルク

シィ」でグッドデザイン賞を2年
連続受賞するなど、話題も豊富
だ。

ここ数年は、毎年10人程度の
新卒を採用しているが、3年後の
定着率80％以上を確保し、社員
一人ひとりが安全な社会につなが
る事業を通して高い達成感を感じ
ていることをうかがわせる。佐々
木社長は、「これまで培ったガス
消火設備の知識や経験、技術を
ベースに新たな市場を開拓してい
く。そのためにも社員が生き生き
働ける環境づくりが欠かせない」
と強調、今後も社内の人材力を成
長エンジンにしていく方針だ。

｜わ｜が｜社｜を｜語｜る｜

代表取締役社長
佐々木 孝行 氏

技術開発とチャレンジを惜しまず

コーアツは、二酸化炭素、ハロン、
窒素など、社会の変化に応じて最新の
消火剤を用いたガス系消火システムの
提供を通じて、人の生命と財産を守
り、安全な社会づくりに貢献してきま
した。最近のデジタル社会の進展に伴
い、データセンターをはじめとする施
設を火災から守る必要性が高まってお
り、私どもガス系消火設備メーカーの
役割も増大しております。失敗すれば

大変なことになるという消火の重要性
を忘れずに、今後もトップメーカーと
して、技術開発とチャレンジを惜しま
ず、お客様のニーズや要望に合わせた
最適な設備の提供に努めてまいりま
す。

会社 DATA		
所 在 地	：兵庫県伊丹市北本町1丁目310番地
創 業	：1930（昭和5）年
設 立	：1951（昭和26）年
代 表 者	：佐々木 孝行
資 本 金	：6,000万円
従 業 員 数	：255名（2021年9月現在）
事 業 内 容	：ガス系消火設備の研究開発・設計、製造、販売、施工およびメンテナンス
QR コード	：https://www.koatsu.co.jp

ポニー工業株式会社

非破壊検査装置のリーディングカンパニー
―― メスを使わず社会インフラの異常を検知するドクター役で50余年

ここに 注目！ 放射線を軸にあらゆる検査ニーズに対応できる全方位の品揃え
商社機能にメーカー＆エンジ機能と校正業務を加えた技術力

例えば、コンクリート構造物の内部に発生したひび割れ。外観からは把握できない劣化や欠陥を、コンクリートを壊さず調査できるのが非破壊検査装置だ。素材や製品を破壊せずに、キズの有無や位置、大きさ、形状などを調べることが可能で、プラントの配管や航空機、鉄道車両、橋梁、トンネル、ビルなど、様々な産業機器、構造物の劣化や欠陥の有無をキャッチできる。まさにメスを使わずに社会資本の異常を検知するドクターの役割を担い、社会の安全と安心を支えていると言えるだろう。そんな非破壊検査装置のリーディングカンパニーとして知られるのが、ポニー工業株式会社である。

「ポニーに頼めば何とかしてくれる」

1965（昭和40）年、非破壊検査株式会社の放射線防護部門を独立させるかたちで設立、非破壊検査で使用される資機材をすべて扱う専門商社として活躍してきた。最大の特長は、放射線関連製品を主軸に、超音波、渦電流、磁気といった多様な検査手法を用いた機器をラインアップし、あらゆる非破壊検査、計測、診断ニーズに対応できること。吉荒俊克社長は、「ポニーに頼めば何でも揃う。何とかしてくれるというお客様の信頼がある」と言うように、特定の検査領域に偏ることなく、国内外の最先端機器を含むオールラウンドな品揃えによる全方位対応が可能だ。

一方で、非破壊検査機器の開発、製造会社としての顔もある。大阪府南部にある熊取工場では各種プラントなどで活躍するガンマ線透過試験装置のほか、電子部品の欠陥や医薬品の異物検出が可能なX線検査システムなどの開発、製造を手掛ける。さらに熊取工場内には放射線計測センターを設置し、西日本地区で唯一のJCSS（計量法に基づく校正事業者登録制度）事業者として、放射線測定器や各種非破壊検査装置が正常に作動するかをチェック、校正する業務を展開している。

吉荒社長が「単に国内外の製品を広く扱うだけでなく、当社はメーカー機能や校正業務を備えた技術商社」と強調する理由はほかにもある。社会資本や産業機器全般を対象にする非破壊検査の目的や種類は多種多様。顧客の要望に応じた最適な装置を提供することが求められる。「既存製品をカス

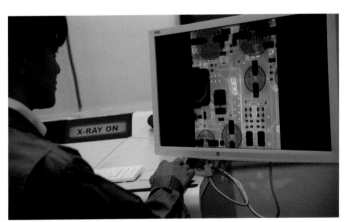

X線検査システムによる撮像風景

本社玄関の社名プレート

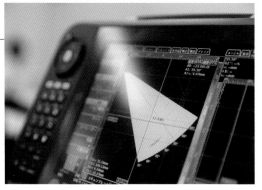

フェーズドアレイ超音波探傷器の探傷画面

最近は事業内容に共感する20代の社員が増えている

タマイズするだけでなく、様々な検査手法を用いてカスタム製品を設計製作することも少なくない」(吉荒社長)。これまで自動車部品や電子部品、航空機など、数々の専用検査装置を設計開発してきた実績が、ポニー工業の圧倒的なプレゼンスを築いたと言えるだろう。

自社ブランド品の開発と海外ビジネスで将来に布石

2022年、先の豪雨で被害を受けた熊取工場の建屋を建て替え、全面リニューアルした。放射線計測センターの堅牢性を高めるとともに、「これを機にモノづくり技術を強化していく」という吉荒社長。目指すは、新たな自社ブランド品の開発だ。すでにガンマ線透過装置など自社開発品はいくつか存在するが、放射線以外の超音波や磁気などを用いたポニーブランド製品を実現し技術商社のレベルアップにつなげる。海外事業も本格化する。新型コロナで中断を余儀なくされたベトナムビジネスを再開し、近く現地法人を設立する方針だ。「東南アジアには老朽インフラがたくさんある。当社製品をアジアの安心・安全に役立てたい」(吉荒社長)。

30代社員の比率が3割強。入社3年目の定着率は過去5年100%を誇る。最近は、事業内容に共感する20代の社員が増えており、「語学力があって海外に意欲を持っている社員も少なくない」とか。社員の向上心を大切にし、自己研鑽の上申に基づく補助制度や、幅広い技術を習得する若手中心の勉強会など、社内活動も活発だ。社会の安心安全を守るドクター役のポニー工業。誇りとやりがいに満ちた社員の力で、新たな成長を目指す。

|わ|が|社|を|語|る|

代表取締役社長
吉荒 俊克氏

危険を安全に、不安を安心に

当社は、「危険を安全に、不安を安心に」変えることを企業理念に、お客様や社会との心のつながりを大切にして、非破壊検査装置&システムを提供してきました。高度経済成長とともに整備されたこの国の膨大な社会インフラは、人々の生活を豊かにしてくれた一方で、いま老朽化による大きな災害発生リスクに直面しています。こうしたなか、モノを壊さずに品質や状態を見極める非破壊検査技術に対する期待が一段と高まっており、産業構造の変化とともに検査対象は一段と広がりを見せています。私どもポニー工業は、創業以来培ってきた知見、経験並びに実績をもとに、非破壊検査に関するすべての業務を通じて、これからも社会の安全と安心を下支えしてまいります。

会社DATA		
所 在 地	:	大阪市中央区北久宝寺町2-3-6
設 立	:	1965年(昭和40年)4月21日
代 表 者	:	吉荒 俊克
資 本 金	:	2,500万円
従 業 員 数	:	142名(2022年7月時点)
事 業 内 容	:	◇非破壊検査・計測装置の開発、製造、販売およびエンジニアリング ◇非破壊検査装置、放射線計測装置の校正業務 ◇放射線関連業務
U R L	:	https://www.ponyindustry.co.jp

INDEX

モノづくり　　IT・ソリューション　　医薬・化学　　商社・サービス　　建設・住設　　社会インフラ

(50音順)

MEMO

NDC 335

これから伸びる京阪神のカイシャ2022 秋

2022 年 9 月 30 日　初版 1 刷発行　　　　　　　　　　　定価はカバーに表示してあります。

ⓒ編　者　　日刊工業新聞社西日本支社
　発行者　　井水治博
　発行所　　日刊工業新聞社　〒103-8548 東京都中央区日本橋小網町14-1
　　　　　　書籍編集部　　　電話 03-5644-7490
　　　　　　販売・管理部　　電話 03-5644-7410
　　　　　　FAX　　　　　　03-5644-7400
　　　　　　振替口座　　　　00190-2-186076
　　　　　　URL　　　　　　https://pub.nikkan.co.jp/
　　　　　　e-mail　　　　　info@media.nikkan.co.jp

　協力　　　　　　日刊工業コミュニケーションズ
　カバーデザイン　日刊工業コミュニケーションズ
　印刷・製本　　　新日本印刷（株）